삶을 다시
빛나게 하는
문장들

삶을 다시 빛나게 하는 문장들
힘겨운 당신에게 보내는 위로의 편지

초 판 1쇄 2025년 11월 24일

지은이 이민경
펴낸이 류종렬

펴낸곳 미다스북스
본부장 임종익
편집장 이다경, 김가영
디자인 임인영, 윤가희
책임진행 김은진, 이예나, 김요섭, 안채원, 국소리

등록 2001년 3월 21일 제2001-000040호
주소 서울시 마포구 양화로 133 서교타워 711호
전화 02) 322-7802~3
팩스 02) 6007-1845
블로그 http://blog.naver.com/midasbooks
전자주소 midasbooks@hanmail.net
페이스북 https://www.facebook.com/midasbooks425
인스타그램 https://www.instagram.com/midasbooks

© 이민경, 미다스북스 2025, *Printed in Korea*.

ISBN 979-11-7355-600-5 03810

값 19,000원

※ 파본은 구입하신 서점에서 교환해드립니다.
※ 이 책에 실린 모든 콘텐츠는 미다스북스가 저작권자와의 계약에 따라 발행한 것이므로 인용하시거나 참고하실 경우 반드시 본사의 허락을 받으셔야 합니다.

미다스북스는 다음세대에게 필요한 지혜와 교양을 생각합니다.

삶을 다시
빛나게 하는
문장들

힘겨운 당신에게 보내는 위로의 편지

이민경

프롤로그

이제 당신의 문장이 피어날 차례다 10

편지 하나

관찰, 일상에 찾아온 문장 한 줄

- \# 사소한 즐거움에 대하여 17
- \# 간절히 원하면 이루어진다 20
- \# 나만의 정원을 가꾼다 23
- \# 쉼표를 잘 찍어야 한다 26
- \# 긴 시간 따뜻한 잔불처럼 29
- \# 자기 사랑은 삶을 바꾸는 주문 32
- \# 모든 일은 나를 위해 일어난다 34
- \# 미리 걱정하지 말아요 37
- \# 느지막이 뜨는 별도 밝게 빛나니까 39
- \# 시간 관리와 마음의 평화 42
- \# 감정에 휘둘리지 않는 법 45
- \# 이유 없는 사랑을 받기를 48
- \# 멘탈 관리를 위한 흘려보내기 연습 51
- \# 일상에 찾아온 문장 한 줄 54
- \# 자연에서 배우는 감사함 57

편지 둘

실천, 준비된 사람에게만 보이는 것

# 지식과 지혜는 다르다	63
# 겸손이 지나치면 자기 비하가 된다	66
# 많이 듣고, 적게 말하기	69
# 뺄셈의 지혜가 필요하다	72
# 혹시 습관적 투덜이는 아니신가요?	74
# 양이 채워져야 질적 변화가 일어난다	77
# 신발 속의 작은 돌	80
# 나는 어떤 가면을 쓰고 있을까?	83
# 당신의 강점은 무엇인가요?	86
# 지름길이 종종 길이다	89
# 그냥 했다는 말	92
# 준비된 사람에게만 보이는 것	95
# 어차피 인생은 내 편이니까	98
# 나눌수록 더 성장한다	101
# 타인의 시선과 나를 분리한다	104

편지 셋

깨달음, 정답은 없어도 방법은 있더라

# 일단 초벌로 완성해 보기	109
# 책과 친해지는 9가지 방법	112
# 먼저 내 컵을 가득 채운다	117
# 상대방을 변화시키는 유일한 방법	120
# 자기 이해 지능은 '나를 알아가는 마음'	122
# 나의 경쟁자와 롤모델	125
# 엄마라서 더 진심으로 공부한다	127
# 나에게 건네는 물음표	130
# 더 대담하게 살기로 했다	133
# 논쟁에서 이기는 방법은 단 하나	136
# 느리게 가더라도 디테일하게	139
# 내 삶을 바꿔준 문장	142
# 정답은 없어도 방법은 있더라	145
# 후회 없는 육아, 실수 없는 사랑	147
# 나의 무지를 깨달아야 성장한다	150
# 조금 더 수월하게 육아하는 비결	152

편지 넷

나눔, 온기 있는 문장을 나누고 싶어

# 첫술에 배부르고 싶었나 보다	157
# 짧고 간결하게 쓰는 글	160
# 글쓰기도 숙성과 발효가 필요하다	163
# 글은 메인 요리처럼	166
# 다 쓴 글이 잘 쓴 글이야	169
# 블로그 글이 에세이가 되려면	171
# 글쓰기를 위한 독서는 다르다	174
# 그럼에도 불구하고 쓰고 싶어	177
# 좋은 글을 쓰는 방법	179
# 필사가 글쓰기 향상으로 이어지려면	181
# 온기 있는 문장을 나누고 싶어	184
# 글 한 편을 잘 쓰는 것보다	187
# 비교적 수월하게 글 쓰는 방법은?	189
# '일기 쓰기'는 가장 진솔한 글쓰기	192
# 접속사 없이도 의미가 통한다	195

편지 다섯

성찰, 너무 잘하려고 애쓰지 말자

# 때로는 멀찍이 서야 더 잘 보인다	201
# 호랑이를 그리다 보면 고양이라도	204
# 너무 잘하려고 애쓰지 말자	206
# 빈틈이 있어야 숨통이 트인다	208
# 보여주기 위한 삶은 쇼와 같다	210
# 당신만의 '공간'은 어디인가요?	213
# 비교는 부질없는 게임이야	215
# 늘 최선을 다하지 않아도 괜찮다	218
# 더 이상 무례함을 참지 않기로 했다	221
# 취향은 '나다움'이다	224
# 자꾸만 멈추려는 나에게	227
# 다 잘할 수는 없는 거니까	230
# 진짜 평온한 삶은 무엇일까?	233
# 하루는 '반성문', 다음 날은 '계획표'	236
# 나는 이미 충분히 잘 달리고 있다	239

편지 여섯

희망, 동트기 전 어둠을 잘 지나가면

# 주어진 인생을 잘 살아 보고 싶어	245
# 여행은 서서 하는 독서	247
# 읽고 싶은 설렘을 만난다	250
# 미라클 모닝 or 슬로우 모닝	253
# 삶의 변화가 필요한 시점	256
# '어떻게'보다 '무엇을'	259
# 성공의 이면에 감춰진 진실	262
# 나와 조우하는 방법	265
# 삶을 빚어내는 긍정 스토리텔링	267
# 익숙함을 버릴 용기	270
# 누구나 보물 항아리를 가질 수 있다	273
# 잘 살고 싶어서 읽는다	276
# 변하지 않는 것과 변하는 것들	279
# 동트기 전 어둠을 잘 지나가면	281

에필로그

마음이 흔들릴 때마다 읽었다   284

프롤로그

이제 당신의 문장이
피어날 차례다

어느새 마흔을 훌쩍 넘어 40대 중반에 접어들었습니다. 인생의 절반을 지나왔다고 생각하니 마음 한구석이 묵직해졌어요. 이젠 어느 정도 안정돼 있어야 할 것 같은데 여전히 어설프기만 했지요. 누군가를 부러워하느라 마음을 놓치기도 하고, 아이를 챙기느라 나는 뒷전으로 밀려났습니다. 아이들은 점점 커 가는데 나만 제자리에 멈춰 서 있는 느낌, 어쩐지 길을 잃은 것 같은 그런 나날. 도돌이표로 돌아가는 일상에 지친 어느 날 더 이상 이대로 살지 않겠노라 마음먹었죠. 변화가 절실한 순간 나는 달라졌습니다.

책이 그 통로가 되어주었어요. 텅 빈 마음을 채우듯 읽고 또 읽었지요. 1년, 2년, 3년.... 그렇게 올해 7년째가 되었습니다. 그동안 어떻게 달라졌을까요? 겉으로 보이는 건 달라진 게 없어요. 그러나 내 안의 나는 분명히 변화했습니다. 외부의 평가나 기준에 휘둘리지 않고 단단해졌거든요. "외적인 일로 네가 고통받는다면, 네게 고통을 주는 것은 그 외적인 일 때문이 아니라 그 일에 대한 네 자신의 판단으로 인한 것이기 때문에, 너는 즉시 그 판단을 멈춤으로써 고통을 없앨 수 있다. 네 자신의 생각이 네게 고통을 가져다주는 원인이라면 너는 얼마든지 그 생각을 바꿀 수 있고, 네가 그렇게 하는 것을 막을 사람은 아무도 없다." 마르쿠스 아우렐리우스의 『명상록』은 자신을 더 깊이 들여다볼 수 있게 해줍니다. 문장을 옮겨 적으며 저절로 탄성이 새어 나왔어요. 책이 직접 문제를 해결해 주지는 않아요. 그러나 마음의 근육을 더하는 법을 배웠습니다. 스스로 해로운 것으로 판단하지만 않는다면 절대 해를 입지 않을뿐더러, 제겐 충분히 그럴 능력이 있다고 믿게 되었거든요.

누구나 지금보다 더 나은 미래를 꿈꿉니다. 더 안정적인 내일을 살고 싶지요. 현재의 삶이 충분하지 않다고 느끼는 순간 무력감에 방황합니다. 주저앉느냐, 나아가느냐는 선택이에요. 더 나은 나로 살기 위해서는 더 나은 행동을 해야만 합니다.

"발밑이 흔들릴 때 본능적으로 두 팔을 벌려 수평을 유지하듯이 불안의 엄습이 몸을 구부려 쓰게 했다. 글쓰기는 내가 지은 긴급 대피소. 그곳에 잠시 몸을 들이고 힘을 모으고 일어난다." 『쓰기의 말들』 속 은유 작가가 말해주는 것 같았어요. 어서 쓰고 우물 밖 세상으로 나오라고 말이죠. 문장은 서서히 스며들었고, 조금씩 밖으로 흐르게 되었어요.

독서와 글쓰기는 새로운 세상이었습니다. 제한된 틀에서 벗어나 다른 주제와 언어로 생각하고 말할 수 있게 되었지요. 내가 사는 곳이 전부가 아니라는 것, 다른 나를 마주할 수 있다는 희망을 보았어요. 읽고 쓰며 살고 싶어졌습니다. 일상의 풍경이 새롭게 보이기 시작했어요.

그동안 블로그에 풀어낸 글을 모아 이 책에 담았습니다. 우물 안 개구리가 세상으로 향하는 여정. 우물 밖 드넓은 세상은 결국 마음에 있었습니다. 내 마음의 크기가 작았기에 우물 안이 더 비좁고 답답했을 뿐, 우물 밖 행복한 개구리가 되는 방법은 지금 여기에서 나로서 행복하게 살면 되는 거였어요. 그 안에서도 작지만 행복한 일은 매일 있었죠. 멀리 있는 커다란 게 아니라 곁에 있는 작은 것들 속에 숨어 있었어요. 너무 작아서 대수롭지 않게 여겼지만, 사실은 그 모든 순간이 삶을 지탱해 주는 문장이었습니다.

하루 종일 하늘 한 번 올려다보지 않은 날, 그냥 흘려보내듯 지나가는 하루. 우리는 아름다운 햇살을 두고도 스스로 어둠에 갇히곤 합니다. 겉으로는 화려해 보이지만 유혹과 고민 속에 지쳐있어요. 매일 곁에 머무는 작은 순간들을 놓치지 않고 알아볼 때 인생이 풍요로워집니다.

 삶을 빛나게 가꾸려면 먼저 내면이 단단해져야 해요. 마음을 알아주고 다독여주는 그런 문장들. 때로는 긴 말보다 짧은 문장 하나가 마음을 움직입니다. 일부러 찾지 않아도 나를 위한 문장이 마음에 들어와요. 흔들리는 삶의 갈림길에서 '좋은 문장' 하나에 기대보기도 합니다. 그래서 문장을 모아요. 더 오래, 더 깊이 바라보고 싶어서. 어딘가 우리와 닮은 글에 눈길이 멈춥니다. 어쩌면 그리 잘 아는지 문득 뭉클해져요. 필사하며 자연스럽게 문장이 모였어요. 쓰고 덮어두었다면 묻혀 버리고 말았을 글일 테지만, 이따금 꺼내어 읽어봅니다. 그때 나에게 닿은 문장을. 그 순간의 마음을. 말보다 마음이 앞서서 무슨 말을 어떻게 해야 할지 망설여질 때 문장이 떠올라 대신해 줍니다. 좋은 문장을 모은다는 건 그날의 자신을 기억하고, 반짝이는 내일을 응원하는 힘이에요.

 오늘도 책을 펴고 조용히 문장을 만납니다. 마음을 울리는 부분에 표시를 해두고 가만히 기록합니다. 언젠가 가득 찰 나만의 문장 창고가 다른 누군가에게도 작은 위로가 되길 바라면서.

 이 책의 문장이 누군가의 마음에 닿아, 잊고 지내던 자신을 깨우는 계기가 되길 바랍니다. 당연했던 일상에서 작은 즐거움과 사소한 행복을 수시로 발견하며, 각자의 특별함을 찾을 수 있길 바라요. 이 책을 통해 좋은 문장과 가까워지는 시간을 갖게 된다면 더없이 좋겠습니다. 당신의 삶이 다시 반짝반짝 빛나기를.

편지 하나

관찰

—

일상에 찾아온 문장 한 줄

바쁘다는 핑계로 놓쳐 버린 것들이 얼마나 많았을까요?
잠깐 멈춰 서니, 세상이 들려주는 많은 이야기가 보여요.
가장 평범한 순간에서 소중한 문장을 발견합니다.

사소한
즐거움에 대하여

아침마다 하늘을 쳐다보는 습관을 가지면 어느 날 문득 우리 주변을 에워싸고 있는 공기를 느끼고, 잠에서 깨어나 일터로 향하는 도중에도 신선한 아침의 숨결을 맛볼 수 있을 것이다.

『삶을 견디는 기쁨』, 헤르만 헤세

늘 우리 가까이에 있고, 게다가 비용을 지불하지 않아도 관람할 수 있는 그림이 있다. 바로 '자연의 풍경'이다. 날마다 누리고 있는 즐거움. 그러나 아는 사람에게만 보인다. 바쁘게 살아내느라 혹은 반복되는 일상의 무료함에 주위를 돌아볼 여유도 관심도 없다. 출근길 사람들의 시선은 핸드폰으로 향해있다. 다들 쫓기듯 잰걸음으로 바닥만 보고 걷는다. 왜 이리도 바쁜 걸까. 왜 점점 더 여유가 없어지는 걸까.

우리는 가까이에 있는 작은 행복을 알아보지 못한다. 그저 멀리 있는 커다란 행복만을 좇을 뿐. 아무 일도 없는 날,

편지 하나 관찰, 일상에 찾아온 문장 한 줄

재미없는 날, 그냥 그런 날이라는 생각이 들 때가 있다. 매일 똑같은 나날. 그러나 일상 여기저기에 작은 행복이 숨어 있다. 마음먹으면 보인다. 볼 수 없던 것이 아니라 보지 않았을 뿐이다. 삶의 즐거움은 멀리 있지 않았다. 우리 주변 곳곳에 있었다. 당연하고 별것 아닌 것처럼 여기며 그냥 지나쳐 왔기에 보이지 않았다. 행복은 멋지게 포장되어 오지 않는다. 너무 사소해서 그냥 지나치기 쉽다. 비 오는 날 빗방울 소리, 따뜻한 커피 한 잔과 함께 읽는 책, 마음을 울리는 문장 하나, 아이들의 해맑은 웃음소리에 '행복 안테나'가 작동한다.

이 모든 건 아무 일도 아닌 것 같지만 사실은 아주 특별한 순간이다. 일상에서 당연하다고 생각했던 것들을 다른 시각으로 보는 연습을 하게 되면, 내가 누리고 있는 모든 것에 감사하게 된다. 우리는 우리가 생각하고 있는 것보다 더 많은 것을 가지고 있다. 일상을 다른 시각으로 보는 연습은 마음먹고 생각하는 것으로는 쉽지가 않다. 매일 글로 쓰는 것이 도움 된다. 감사하는 마음을 기록함으로써 내 일상을 돌아보고 감사한 일을 더 떠올릴 수 있다.

가장 큰 변화는 감사의 렌즈를 통해 세상을 보게 된 것이다. 우리의 아무 일도 없던 하루는 많은 기쁨들이 조용히 다녀간 하루였을지도 모른다. 찬찬히 주변을 살핀다. 자연을 세심하게 보면 당연했던 모습이 특별하게 다가온다. 구름 한 점 없는 파란 하늘도, 먹구름 가득한 회색빛 하늘조차도. 길가에 핀 꽃을 그냥 지나치기 어려운 건 비단 나이가 들어감에 따른 것만은 아닐 것이다. 초록의 생생함을 눈에 담는다. 계절이 오고 가는 것을 느끼며 감동하고 감탄한다. 행복은 멀리서 오는 손님이 아니라 매일 내 곁에서 문을 두드리는 친구였다. 천천히 고개를 들고 하늘을 올려다본다. 어느새 따뜻함이 스며들고 다시 시도해 보겠다는 용기가 생겼다. 앞으로 다가올 날들이 든든하게 느껴지고, 삶의 궤적마저 아름답다. 책 속 문장과 마음가짐, 그 시선 덕분에. 매일매일 우리의 삶에 사소한 행복이 가득했으면 좋겠다.

작은 기쁨들은 매일 있었어요.
지친 내 눈엔 보이지 않았을 뿐이지요.
우리 거창한 행복을 바라지 말아요.
지금, 이 순간 작은 평온함이
내 마음을 어루만져주니까요.

간절히 원하면
이루어진다

성공을 거두기 위해서는 성공하고야 말겠다는 강렬한 열망이 나의 잠재의식 밑바닥까지 스며들어야 한다. 현실 감각을 잃을 정도로 생생하게 꿈꾸면 꼭 이루어진다.

『꿈꾸는 다락방』, 이지성

지재유경(志在有經), 뜻이 있는 곳에 길이 있다는 말이다. 이루고자 하는 마음이 있으면 반드시 이룰 방법을 얻을 수 있음을 의미한다. 피그말리온 효과(Pygmalion effect), 교육심리학에서 심리적 행동의 하나로 교사의 기대에 따라 학습자의 성적이 향상하는 것을 말한다. 믿음, 기대, 예측이 실제로 일어나는 것으로 자기 충족적 예언이라고도 한다. 잘될 거라는 마음을 갖고 기대하면 잘 풀리고, 부정적인 마음으로 생각하면 그대로 된다. 말이 씨가 된다는 말도 피그말리온 효과로 설명할 수 있다. 간절한 마음으로 원하면 불가능해 보이던 큰 소망도 실현된다는 심리적인 효과다. 하지만 원하기만 해서는 결코 이룰 수 없기에 절실한 마음을 담아 행동해야 한다. 그래야 실행할 수 있는 길이 보인다. 긍정적인 사고는 긍정적인 행동으로 이어지니까.

더 윤택한 것들을 생각해야 좋은 일이 생기고, 성공할 수 있다고 믿어야 이룰 수 있다.

7년 전, 책을 막 읽기 시작할 무렵 이지성 작가의 『꿈꾸는 다락방』을 읽었다. R=VD 생생하게 꿈꾸고 글로 적으면 현실이 된다는 공식이 꽤 신선하게 느껴졌다. 나도 노트 끄트머리에 소심하게 적어 놓았다. 작가라는 꿈을. 그 누구도 전혀 예상하지 못한 실현 가능성 제로인 꿈이었다. 하지만 책을 쓰고 결국 이루었다.

욕실 거울에는 늘 메모가 붙어있다. "나는 운이 좋은 사람이다.", "원하는 것을 실현할 힘이 있다.", "꿈을 실현할 수 있을 만큼의 시간, 에너지, 지혜를 가지고 있다.", "언제나 자신을 위한 최고의 선택을 한다.", "베스트셀러 작가가 된다.", "엄마 성장 강사, 인플루언서가 된다." 등으로, 여전히 말도 안 되는 꿈일지도 모른다. 그러나 말이 안 되는 일을 이루려면, 말이 안 되는 방법이 필요하다. 긍정의 언어로 간절한 바람을 모아 생생하게 꿈꾸고 원하면 꼭 이루어진다. 원하고 행동하기만 한다면.

꿈을 포기하지 마세요.
간절히 바란 마음은
보이지 않는 곳에서
조용히 길을 만들고 있어요.
나를 만나기 위해서.

나만의 정원을
가꾼다

우리는 자신만의 정원을 조성해야 하며 다른 사람의 정원을 흘깃거리지 말아야 합니다. 중요한 건 내 정원은 내가 그리는 방식으로 일궈야 한다는 거예요.

『인생의 태도』, 웨인 다이어

하루에도 몇 번씩 고개를 돌려 담장 너머 이웃의 아름답고 풍성한 정원을 바라보곤 한다. 그들은 벌써 꽃을 피웠고, 열매도 열려 있다. 괜히 내 텃밭은 초라해 보이고 씨앗을 잘못 고른 것만 같다. 그들의 꽃이 더 예뻐 보이고, 그들의 열매가 더 빨리 익는 것처럼 느껴질 때 조급한 마음이 올라온다. 내 것도 그랬으면 좋겠다고 생각했다. 내 정원에도 어울리겠다 싶은 부러운 마음에 열등감이 생기기도 했다.

나에게 없는 것을 남들과 비교하고 질투하면 마음이 괴로워진다. 부족한 것에 집중하면 점점 더 미흡한 것만 보이니까. 그럴 땐 가만히 생각해 본다. 우리는 모두 서로 다른 땅에서, 다른 환경에서 다른 손으로 정원을 가꾸고 있다는 걸. 이제라도 조금씩 해나가면 되는 거다. 부러운 마음에서 멈추지 말고.

'사람은 높은 곳을 향해 가고 물은 낮은 곳을 향해 흐른다.'라는 말이 있다. 높은 곳을 바라보며 끊임없이 노력하라는 의미다. 그러나 끊임없이 높은 곳만 바라보며 살면 상대적인 상실감에 점점 불행해질 수밖에 없다. 지금 내가 가진 것에 감사한 마음을 가져야 한다. 내가 가진 것에 집중하면 저절로 감사할 수밖에 없다. 이제 만들어가는 단계일 뿐, 내 흙도 이미 충분히 비옥하다.

담장 너머를 바라보는 동안 내 땅이 메마르지 않도록 해야 한다. 어떤 사람은 화려한 정원을 원하고, 또 다른 사람은 소박한 정원을 꿈꾼다. 중요한 건 나에게 맞게 가꾸는 것이다. 자신에게 맞는 정원을 만든다는 것은 스스로를 알아가는 과정과도 같다. 내게 의미 있는 건 무엇인지, 어떠한 가치로 살고 싶은지를 끊임없이 탐구하며 가꾼다. 모든 정원이 같은 모습은 아니지 않은가. 각자의 속도가 있듯이 눈에 띄지 않을 뿐, 분명 뿌리를 내리고 있을 것이다. 나만의 계절을 믿고 기다린다. 다른 모습의 정원으로 풍성하게 곧

피.어.날. 테.니.까.

어떤 씨앗을 심으셨나요?
내가 심은 작은 씨앗도 언젠가는
세상에서 가장 아름다운 꽃을 피울 거예요.
다만 시간이 필요할 뿐입니다.
꽃이 피는 타이밍은 제각각이니까요.

쉼표를
잘 찍어야 한다

주의력과 마찬가지로 쉼도 주변에 습관의 울타리를 둘러야 한다. 그래야 쉼을 앗아가려는 세상의 공세를 효과적으로 방어할 수 있다.

『이토록 멋진 휴식』, 존 피치·맥스 프렌젤

언제부터였을까. 바쁘다는 말이 마치 잘 살고 있다는 훈장처럼 여겨졌다. 바쁘지 않으면 뭔가 부족한 사람처럼 느껴지는 이상한 풍경. 요즘 어떻게 지내냐는 안부 인사에도 바쁘다는 말이 먼저 나온다. 우리는 바쁨을 증명하듯 해야 할 일들에 둘러싸여 처리하느라, 정작 중요한 것들을 놓치고 있는지도 모른다. 계속 들이마시기만 할 수 없듯이 일만 하며 살 수는 없다. 내쉬기도 함께 해야 살아갈 수 있다. 일만큼이나 쉼도 중요하다. 아이가 어릴 때는 말 그대로 숨 돌릴 겨를이 없었다. 계속 들숨만 쉬고 있는 느낌. 모으고 모았다가 과부하가 올 것 같을 때 겨우 한 번 내뱉으며 지냈다. 이제 와 돌이켜보면 안타까운 마음이 든다. 적당히 주변에 부탁해도 되는 일을 혼자 끙끙대며 다 하려고 했다. 그러나 내쉴 줄도 알아야 했다. 쉴 틈을 더 만들어야 했다.

 모든 것을 쏟아부어야 잘 키울 수 있는 게 아니다. 쉼의 시간으로 스스로를 채울 수 있었다면 더 밀도 높은 육아를 할 수 있었을 거다. 시간이 없는 게 아니라 마음의 여유가 없었다. 들이마시기만 하느라 지쳐있었다. 틈틈이 내쉴 의지가 있었다면 달랐을 것이다. 이제는 휴식의 시간도 확보한다. 분주하게 종종거리지 않는다. 오히려 여유 있게 한 가지라도 제대로 한다. 더 생산적이고 창의적인 내가 되기 위해서는 잘 쉬어야 한다. 짧은 시간이라도 하고 싶은 일을 하며 시간을 보낸다. 독서하고 글쓰기도 하며 배움의 시간을 갖는다.

 글을 쓸 때도 쉼표를 적당히 사용해야 쉬어가며 제대로 읽을 수 있다. 쉼표는 문장을 끝내는 마침표가 아니다. 잠시 숨을 고르고, 다음 문장을 더 잘 이어가기 위한 호흡이다. 너무 많이 찍어도, 혹은 너무 안 찍어도 자연스럽게 읽기가 어렵다. 적당한 지점에 잘 사용된 쉼표는 호흡을 적절히 조절해 주고, 더 정확한 의미를 전달할 수 있다. 삶도 마찬가지 아닐까? 쉼표를 잘 찍어야 한다.

문장에 쉼표가 있어야 의미가 통하듯,
우리 삶에도 쉼표가 있어야 다음 걸음을
부드럽게 이어갈 수 있어요.
잠시 멈춤은 포기가 아니라
더 멀리 가기 위한 지혜예요.
'빨리빨리'라는 말이 습관이 된 세상에서
'천천히'라는 사치를 누려봅니다.
쉼표가 있는 하루 말이죠.

긴 시간
따뜻한 잔불처럼

지금 당신이 머무는 차가운 삶의 온도는 가장 뜨겁게 타오르던 사람에게만 주어지는 믿고, 사랑했던 자만 즐길 수 있는 특권이다. 곧 따스한 봄날의 온기가 찾아올 테니 지금, 이 순간을 아름답게 즐겨라.

『인간은 노력하는 한 방황한다』, 김종원

오랜만에 가족과 함께 간 글램핑. 여유 있게 2박 3일을 지내며, 이틀 모두 불멍을 했다. 활활 타오르는 불 앞에 둘러앉아 술 한잔하며 이야기를 나눴다. 밤이 깊어지며 어느새 뜨겁게 타오르던 장작불이 잦아들고, 숯이 되어 잔잔한 불만 남았다. 그런데 이 잔불을 무시할 수 없겠더라. 너무 따뜻했다. 집게로 뒤적거리면 다시 일어나는 불꽃. 자정이 되어 자러 들어갈 때까지도 열기가 사그라지지 않아 물을 부어 겨우 껐다.

잔불은 느리다. 서두르지 않고 주어진 자리에서 뭉근히 타오른다. 세상은 여전히 차갑지만 내 안의 불은 꺼지지 않는다. 커다란 모닥불은 한순간 눈부시게 타오르고 금방 식어 버리지만, 잔잔하게 타는 잔불은 오랫동안 빛과 따뜻함을 유지한다. 따스한 온기는 훈훈하고 부드럽다. 어리고 화려한 젊음의 열정은 지났지만, 잔잔하고 조용한 지금의 내 모습과 닮은 은은한 온기가 좋다. 잔불의 아름다움은 그 지속성에 있다. 잠깐의 뜨거움보다는 계속되는 따스함이 더 소중하다는 것을 이제는 안다. 나이를 먹는다는 것은 그런 게 아닐까. 젊음의 화려함을 내려놓는 대신, 삶의 깊이에서 우러나는 잔잔한 빛을 얻는 것. 급하지 않게, 조급해하지 않고 묵묵히 그 자리에서 빛을 내는 것.

서서히 뭉근히 타는 잔불처럼 꾸준히 성장하는 사람이 되고 싶다. 눈부신 순간으로 기억되는 사람이 아닌 은은하게 빛나는 사람, 함께하는 이들을 잔잔히 다독여주는 존재로. 누군가 내 곁에서 따뜻함을 느낄 수 있다고 말해준다면 그것으로 충분하다. 눈길을 끄는 불꽃은 아니어도 곁을 지켜주는 온기처럼 안온하게. 어떤 이에게는 쉼터가 되고, 또 다른 이에게는 작은 등불이 되어주는 그런 사람으로, 그런 인생을 살고 싶다.

뜨겁게 타오르는 불은 가까이 가면 데이고 말아요.
따뜻한 잔불은 손을 내밀어도 편안하죠.
사람도 그런 것 같아요.
은은하고 따스한 사람 곁에는
더 있고 싶어져요.
그런 사람이 될래요.
가까이 있어도 편안하고,
함께 있으면 따뜻해지는.

자기 사랑은
삶을 바꾸는 주문

자기 사랑은 당신이 할 수 있는 가장 쉽고 지혜로운 일입니다. 자신을 사랑하세요. 이 짧은 문장이 당신의 삶을 바꿀 것이고, 당신이 열망하는 모든 것을 당신에게 선사할 겁니다.

『자기 사랑』, 로렌스 크래인

"당신은 자신을 사랑하나요?" 참 쉬운 질문이지만, 바로 답하기가 어렵다. 사람들은 자신을 사랑하는 법을 배우지 못한 채 살아간다. 타인을 사랑하고 이해해야 한다는 건 잘 알지만, 정작 내 마음은 외면하기 쉽다. 남에게는 괜찮다고 말하면서도 스스로에게는 인색하다. 가장 중요한 사랑임에도 말이다. 나를 사랑한다는 말은 삶을 긍정으로 이끄는 주문이다. 내가 부족하다고 느낄 때마다 그럼에도 사랑한다고 습관처럼 되뇌었다. 처음엔 어색하기만 했었는데, 조금씩 달라지는 게 느껴졌다. 남들의 시선을 덜 신경 쓰고, 작은 실수를 탓하지 않았다. 그런 내가 점점 좋아지기 시작했다.

"괜찮아 그럴 수도 있지." 나에게 들려주는 격려의 말이다. 부족함을 탓하는 대신 보듬어 주는 마음, 지금 이대로도 충분히 괜찮다는 셀프 위로다. 자기 사랑은 마음먹는다고 바로 생기는 것이 아니다. 매일 연습하며 쌓아가야 한다. 좋든 싫든 거울 앞에서 밝게 미소를 지었다. 이제는 엄격한 잣대로 스스로를 괴롭히지 않는다. 내가 원하는 사랑은 외부에서 얻을 수 없으니까. 삶은 결국 자신을 대하는 태도로 흘러간다. 나를 몰아세우면 세상이 버거워지고, 다정히 대하면 인생이 평온해진다. 남들이 알아주지 않아도 내가 알아주면 되는 것이다. 가만히 속삭여본다. 잘하고 있다고, 진심으로 나를 사랑한다고. 그게 바로 삶을 바꾸는 특별한 주문이다.

오늘도 거울 속 나에게 말해봅니다.
"잘하고 있어."
완벽하지 않아도 괜찮아요.
나는 충분히 사랑받을 자격이 있어요.
자신에게 좋은 문장을 읽어줍니다.
매일 아침 다정한 말로 인사해요.
스스로 돌보는 마음이 진짜 행복으로 가는 길입니다.

모든 일은
나를 위해 일어난다

까마귀가 목쉰 소리로 불길하게 운다고 불안해하지 마라. 이런 일은 내게 아무런 의미가 없다. 나 스스로 길조라고 생각하고 그러기를 바란다면 모든 일은 내게 유리하도록 풀리게 되어 있다.

『에픽테토스의 자유와 행복에 이르는 삶의 기술』, 에픽테토스

"모든 일은 당신을 위해서 일어납니다."라는 말처럼 나에게 일어나는 모든 일은 나를 위한 것이다. 당시에는 힘겨웠던 일이 지나고 보니 삶에 꼭 필요한 자양분이었다. 역경을 바라보는 시각을 바꿈으로써 불행이라는 이름에 조금은 초연해질 수 있었다. '원영적 사고'라는 말이 한참 유행이었다. '아이브' 멤버 장원영의 긍정적인 사고를 지칭하는 말이다. "완전 럭키비키잖아!" 그녀가 말하는 럭키비키는 단순한 긍정적인 사고를 넘어 초긍정적인 마인드를 뜻한다. 어떠한 상황에서도 긍정적인 생각으로 전환한다. 부정적인 감정을 단순히 외면하고 회피하는 것이 아닌 현재 상황과 감정을

인정하지만, 긍정적인 측면을 바라보는 것이다. 힘든 일이 닥치거나 안 좋은 상황을 직면해도, 이것은 결국 자신을 성장시키기 위한 시련이라고 생각하는 마음가짐이다.

"앞사람이 제가 사려던 쇼콜라 빵을 다 사 가서, 새로 갓 나온 따끈따끈한 빵을 받게 되었죠." 나도 비슷한 경험이 많아서 흥미롭게 느껴졌다. 내가 바라보는 시선이 참 중요하다. 앞사람이 빵을 다 사 가서 더 기다려야 하니, 짜증이 난다고 생각하면 기분만 상할 뿐 아닌가. 다 사 간 덕분에 갓 나온 따끈한 빵을 살 수 있다고 생각하면 기분 좋은 마음으로 기다릴 수 있다.

모든 일은 자신을 위해 일어난다고 생각하면 부정적인 일이 생겼을 때 받아들이는 마음이 달라진다. '이 또한 이유가 있기에 일어난 일이야.', '어떤 상황에서든 분명 좋은 측면이 존재해.', '이 일에서 무엇을 배울 수 있을까?'처럼 생각할 수 있다. 이미 일어난 일이다. 불만 섞인 말로 한탄하고 탓하기보다는 '이 또한 나를 위해 일어난 일'이라고 생각해 본다. 반복하다 보면 조금씩 다른 시각을 갖게 될 것이다. 문제를 바라보는 시각을 바꾸면 내가 보는 세상의 관점도 달라진다.

계획과 다르게 흘러간 하루에 당황했는데
지나고 보니 그게 더 좋은 방향이었어요.
힘들었던 시간이 결국 나를 더
단단하게 만들어주었더라고요.
실패하고 실망했던 일도,
결국 더 좋은 기회가 되었지요.
모든 일은 나를 위해 일어난 일이었어요.

미리
걱정하지 말아요

사람들은 제때의 한 바늘이 나중에 아홉 바늘의 수고를 막아준다고 하면서, 내일의 아홉 바늘을 막기 위해 오늘 천 바늘을 꿰매고 있다.

『월든』, 헨리 데이비드 소로

우리는 미래의 일을 걱정하느라 오늘을 낭비한다. 어제의 일로 괴로워하고, 내일 일을 미리 걱정하며 오늘을 힘들어한다. 마치 내일 내릴 비를 막기 위해 미리 우산을 쓰고 있는 것처럼. 그러나 막상 비가 그치고 나면 그 걱정이 얼마나 사소했는지 깨닫게 된다. 혹여나 비를 맞는다 해도 세상이 무너지는 건 아니었다. 미리 하는 걱정은 내가 만든 이야기일 뿐이다. 지나고 보니 일어나지 않은 일이 대부분이었다. 우리가 감당하지 못할 일은 일어나지 않는다. 스스로 없는 불행을 만들어내고 있는 건 아닐까? 어쩌면 미리 하는 걱정이 불행을 끌어당기고 있는지도 모른다.

걱정이 커지면 시야가 좁아진다. 마치 안개처럼 우리 주변을 둘러싸고, 점점 더 짙어져 앞을 볼 수 없게 된다. 내일 일은 내일의 내가 감당하면 된다. 그때의 내가 더 잘 해결할 테니까. 나머지는 우리 힘으로 어쩔 수 없는 일이니까. 미리 걱정하는 것은 미래를 준비하는 게 아니다. 없는 불행을 지금 당장 경험하는 것이다. 없는 고통을 불러와서 현재를 아프게 할 필요가 있을까? 먹구름을 몰고 와 현재 날씨만 흐려질 뿐이다. 오늘을 희생하기엔 우리에게 주어진 하루가 너무 소중하다. 안개가 걷히면 풍경이 보일 것이다. 나에게 묻는다. '그럼, 지금 할 수 있는 일은 무엇일까?' 마음속에 작은 폭풍을 잠재우는 방법이다.

한 달 전, 걱정하느라 밤을 지새웠던 일이
지나고 보니 별것 아니었어요.
꽃이 언제 질지 걱정하며 피지 않듯
우리도 그랬으면 좋겠어요.
아직 오지 않은 시간을 두려워하며
지금 피어야 할 꽃을 시들게 하지 말자고요.
그저 오늘을 잘 살아갑니다.

느지막이 뜨는 별도
밝게 빛나니까

그대는 잠시 안식을 취할 뿐 다시 새로운 고통을 찾아 나간다.
성급하게 뜨는 샛별처럼 우주는 조바심에 가득 차 있다.

『삶을 견디는 기쁨』, 헤르만 헤세

별일 없이 지나가는 하루, 모든 것이 괜찮은 날이 있다. 그러나 왜 여전히 불안한 걸까? 우리는 이 모든 것이 영원하지 않다는 사실을 예감한다. 그래서 웃으면서도 걱정한다. 행복은 순간일 뿐이라고. 때때로 행복한 마음을 느끼면서도 편안한 날을 온전히 누리지 못하고, 행복이 사라질까 두려워한다. 불안은 평온함 속에서 더 크게 울린다. 잔잔한 호수에 던진 돌멩이 하나로 물결이 퍼져나가듯. 설렘은 너무도 짧고, 또다시 더 나은 무언가를 기대하게 된다. 행복이란 감정을 오래 붙잡지 못한다.

마흔을 지나며 일상은 평온한 듯 보였지만 마음 한편이

묘하게 불편해졌다. '이렇게 살아도 되는 걸까?', '내가 뭔가 놓치고 있는 것은 아닐까?' 다시 무언가를 하고 싶어졌다. 나를 증명할 수 있는 무언가를. 행복과 불안, 평화와 흔들림은 마치 그림자와 같다. 행복하지만 불안하고, 평화롭지만 흔들린다. 마음이 불안하다는 건 내가 멈춰있지 않다는 뜻이었다. 비 오는 날에 우산을 쓰고 걷듯이 불안함 속에서도 나아가야 한다. 다만 성급해지지는 않으려 한다. 느지막이 뜨는 별도 밝게 빛나니까.

조금 늦게 시작했다고 해서 덜 빛나는 것은 아니다. 준비된 마음으로 떠오른 별은 더 깊고, 밝게 빛날 테니까. "늦은 밤에 뜨는 진기한 별, 별의 궤도가 어디를 향해 가는지, 언제까지 얼마나 밝게 빛날지 누가 알겠는가? 그러나 모습을 드러낼 때면 언제나 똑같이 깊고 어둡게 작열하고, 똑같은 빛의 핵과 똑같은 날카로움을 보여주는 까닭에 어린아이라도 그 별을 짚어낼 수 있다."라는 로베르트 슈만의 말처럼.

우리 성급해지지 말아요.
조금만 더 이 순간을 누려요.

느지막이 뜨는 별도
충분히 빛나고 아름다우니까.
더 밝게 반짝일 테니까.

시간 관리와
마음의 평화

장미처럼 시간을 초월해서 자연과 더불어 현재에 살지 않는다면, 인간은 행복해지지도 강해지지도 못한다.

『자기 신뢰』, 랄프 왈도 에머슨

우선순위를 두고 꼭 해야 하는 일은 잘 해내고 있지만, 나머지 소소하게 해야 할 일들을 미루게 된다. 당장 중요하지는 않지만, 꼭 해야 하는 일들. 그러나 간단하게라도 리스트를 적어 놓으면 의식하고 하나씩 처리하게 된다. 아침에 해야 할 일을 종이에 적어 보는 것은, 단순하면서도 실행 효과를 높일 수 있는 좋은 습관이다. 적는 순간 막연했던 하루가 구체적으로 변한다. '해야만 하는 일들'이 '할 수 있는 일들'이 된다. 하루를 컨트롤할 수 있게 되면 자신감이 생기고 행복감도 커진다. 반면 해야 할 일을 뒤로 미룰 때마다 나를 짓누르며 마음이 무거워진다.

'부담을 줄여서 꾸준히 하기'. 나에겐 뭐든 가볍게 해보기가 원칙이다. 시작하기조차 어려워 망설이는 내 성향을 잘 알기 때문이다. 최대한 작게 쪼개서 적는다. 해야 할 일 하나를 끝내고 체크 표시를 하며 성취감이 생겼다. 할 수 있다는 긍정 기운과 함께, 그 기분이 에너지가 되어 다음 걸음을 쉽게 만든다. 사소한 일이라도 눈으로 확인할 수 있게 적는다. 적어 놓는 순간부터 신기하게 머릿속이 정리되고, 해야 할 일들이 부담이 아니라 '순서'가 된다. 하나씩 지워나갈 때의 성취감이 다시 동력이 된다.

물론 매번 완료하는 건 아니다. 게으름 병이 스멀스멀 올라와서 하루 계획이 무너지더라도 괜찮다. 다시 하면 되니까, 완벽함보다 유연함이니까. 시간 관리로 하루를 잘 정리하며 마음의 평화를 얻고 싶었다. 여유와 평온이 있는 삶을 살고 싶다. 하고 싶은 일과 해야만 하는 일을 잘 해내는 것, 그게 바로 온전한 자유를 누릴 수 있는 길 아닐까.

> 하루를 잘 컨트롤하는 것은
> 나를 지키는 일이에요.
> 오늘도 급하게 흘러가는 시간 속에서
> 한 박자 쉬어가는 여유를 선택합니다.

해야 할 일을 최대한 작게 나눠서 부담을 줄여요.
평온함은 적당히 유연한 마음에서
얻을 수 있으니까요.

감정에
휘둘리지 않는 법

딱 1가지만 바꾸면 우리는 감정을 통제할 수 있습니다. 바로 우리가 생각하는 방식 말입니다. '나는 내 생각을 통제할 수 있다. 감정은 생각에서 나온다. 그러므로 나는 내 감정을 통제할 수 있다.'

『인생의 태도』, 웨인 다이어

 감정은 생각으로 인해 생긴다. 같은 상황도 내가 어떻게 받아들이느냐에 따라 달라진다. 기쁨, 행복, 감사 등 긍정적 감정뿐 아니라 두려움, 짜증, 절망, 걱정, 분노, 후회 등 부정적인 감정도 우리의 생각에서 비롯된다. 전에는 몰랐다. 부정적인 감정에서 헤어 나오지 못하고 오히려 더 깊이 들어가 버렸다. 몇 해 전 오랜 친구와 여행을 다녀와서 다투고, 결국 인연을 끊게 되었다. 그 과정에서 많은 상처를 받았다. 그 친구도 그랬겠지만.
 예전의 나라면, 그 일이 일상에 큰 영향을 줬을 것이다.

이겨내기 힘들 만큼. 하지만 감정을 글로 쓰면서 생각을 분리했다. 그 말은 그 친구의 생각일 뿐이라고. '그건 내 생각이 아니야, 내가 동의하지 않으면 내 감정에 영향을 줄 수 없어.' 생각만 달리했을 뿐인데 그것만으로도 마음이 편안해졌다.

그즈음 교통사고로 병원에 계시던 아버지가 돌아가셨다. 몸도 마음도 참 어려운 시간이었다. 힘든 와중에도 해결해야 할 문제들은 계속 생겨났다. 하지만 어느새 차근차근 하나둘 해나가고 있는 나 자신을 발견했다. 예전의 나약했던 시절이라면 감정적으로 울기만 하고, 의지하려고만 했을 텐데. 사뭇 변화된 모습에 놀랐다. '그래도 다행이다.'라는 생각으로 서로를 위로했다. 사실 전혀 다행인 상황이 아니었지만, 매일 주문을 걸듯 조금이라도 좋은 일을 떠올렸다. 자칫 한 번에 무너져버릴 수 있는 큰일이 덮쳐 왔을 때도 감정에 휘둘리지 않을 수 있었다.

그동안 불안을 없애려고만 했다. 불안은 나쁜 것이고, 제거해야 할 대상이었으니까. 그런데 오히려 불안을 떨쳐내려 할수록 더 불안해졌다. 불안은 없애는 게 아니라 견디는 거였다. 견딘다는 건 참는 게 아니다. 이를 악물고 버티는 것도 아니다. 불안을 느끼면서도 해야 할 일을 묵묵히 해나가는 것이다.

긍정적인 반응을 연습하고 상황에 흔들리지 않으면, 감정에 휘둘리지 않을 수 있다. 생각하는 방식을 바꾸면 내 안의 촛불은 흔들리지 않는다. 내가 동의하지 않으면 누구도 나를 힘들게 할 수 없고, 나를 아프게 할 수도 없다. 결국 내 안에 있는 말들이니까.

감정에도 리모컨이 있다면 어떨까요?
채널을 바꾸듯 생각을 바꾸고,
볼륨을 조절하듯 감정을 조절할 수 있게요.
어제의 하늘과 오늘의 하늘이 다른 이유는
내가 바라보는 방식의 차이였어요.
더 이상 감정에 휘둘리지 않을 겁니다.
나는 내 마음의 주인이니까요.

이유 없는
사랑을 받기를

 누군가를 사랑한다는 것은 그 사람의 아픔을 사랑하는 것이다. 누군가를 사랑한다는 것은 그 사람의 햇볕과 그 사람의 그늘을 구별하지 않고 받아들이는 것이다.

『나의 치유는 너다』, 김재진

 "엄마, 나는 동생이 없어서 다행이야, 엄마가 동생을 더 예뻐했을 것 같아서…."
 "네가 막내라서 더 사랑받고 있다는 걸 아는구나. 그래도 엄마는 너를 많이 사랑했을 거야."
 "그럼 내가 막내라서 사랑하는 거야, 그냥 나라서 사랑하는 거야?"
 아이가 건넨 말에 당연히 너라서 사랑하는 거라고 대답하면서도 괜히 먹먹해졌다.

 배려 깊은 사랑을 실천하기 위해 지금도 여전히 노력하

고 있다. 그러나 참 어려운 사랑이다. 아이에게 조건 없는 온전한 사랑을 주려면 부모부터 같은 사랑을 받아본 경험이 있어야 한다.

어린 시절, 사랑이 늘 어떤 이유를 가지고 있다고 생각했다. 잘해서, 착해서 받는 것이라고 믿었다. 사랑받기 위해서는 더 잘 해야 하는 거였다. 그런 내 모습을 마주하며 나는 절대 그렇게 하지 않을 거라고 생각했지만, 어느새 그대로 하는 내 모습을 발견한다.

아이가 건강하게 태어난 것만으로 감사했다. 내 옆에 숨쉬고 있다는 이유만으로도 가슴이 벅차올랐다. 그러나 시간이 지나며 나도 모르게 사랑의 모양이 바뀌어 간다. 알게 모르게 사랑 끝에 조건이 붙기 시작한다. 그리고 그건 어느새 아이뿐 아니라 나 자신에게도 향했다. 이유 없는 사랑을 주려고 할수록 오히려 더 힘들었다. 내 안에 없는 걸 주려고 하니 더 큰 노력이 필요했다. 그런 사랑을 준다는 것은 행동에 따라 달라지는 것이 아닌, 있는 그대로 사랑해 주는 것이다. 쉽지 않은 일이긴 하다. 내면의 어린 나를 토닥여가며 스스로 성장할 수밖에 없다. 성장하지 못하면 실천할 수 없는 사랑이기에.

성적이 좋을 때만, 말을 잘 들을 때만, 부모의 기대에 부응할 때만 사랑받는다고 느끼는 아이는 불안한 마음으로 자란다. 반면 "네가 어떤 모습이든 사랑받을 가치가 있다."라는 메시지를 받고 자란 아이는 건강한 자존감을 키워간다. 이유 없는 사랑은 아이의 잘못된 행동을 무조건 허용하는 것과는 다르다. 행동에 대해서는 단호하게 가르치되, 아이의 존재 자체는 언제나 소중하다는 것을 전해주는 것이다. 네가 한 행동은 잘못됐지만 엄마 아빠는 너를 언제나 사랑한다는 일관된 마음을 전달 하는 것이다.

 아이를 통해 배운다. 아이야말로 나를 있는 그대로 아무런 조건 없이 사랑해 주는 존재다. 누구에게 이런 절대적인 사랑을 받아볼 수 있을까? 그 마음을 나에게도 준다. 누군가에게 받고 싶은 그 사랑을. 내가 나에게 주는 최고의 선물이다.

잘해야 사랑받는다고 배워왔지요.
그 생각이 내 아이에게도 전해졌고요.
아무것도 하지 않아도
그냥 네가 있어서 좋다는 말.
그런 사랑을 받고 싶어요.
아이에게도 같은 사랑을 주고 싶고요.

멘탈 관리를 위한
흘려보내기 연습

생각 자체를 바꾸려고 애쓰는 것보다 감정을 다루는 것이 더 빠르다. 감정이 일으킨 수천, 수백만 가지의 생각도 함께 사라지기 때문이다. 우리는 감정을 없애려 애쓸 게 아니라, 그냥 놓아야 한다.

『놓아 버림』, 데이비드 호킨스

오늘도 우리는 수많은 생각을 마주한다. 어제도 그랬고, 내일도 그럴 테고. 다양한 감정이 쉴 새 없이 우리 안팎을 오간다. 이를 붙잡고 씨름하다 보면 쉽게 지쳐 버린다. 마치 꽉 쥐고 있는 모래가 손가락 사이로 다 빠져나가듯. 멘탈 관리에서 가장 중요한 기술 중 하나는 바로 '적당히 흘려보내는 연습'이다. 내 것이 아닌 말은 그냥 지나가게 두고, 바로잡을 수 없는 상황은 한숨과 함께 놓아 버리는 것. 다시 반복될 감정은 흘려보낼 줄 알아야 한다. 그건 무관심이 아니라 나를 보호하는 지혜다. 무게를 덜어내야 더 멀리 오래갈 수 있으니까.

"그때 그 말이 너무 속상했어.", "어떻게 그런 말을 할 수 있지?", "왜 그렇게 말한 걸까?", "내가 무슨 실수라도 한 걸까?" 머릿속에 떠오르는 온갖 생각이 나를 괴롭혔다. 맴도는 말들을 곱씹으며 스스로 문제를 키우기도 했다. 하지만 생각을 되새긴들 상황은 달라지지 않는다. 오히려 나만 지치고 아플 뿐. 하루 한 번은 "뭐 어쩔 수 없지."라며 넘어가 본다. 완벽하지 않은 결과에도 가끔은 이 정도면 충분하다고 인정해 보는 거다. 기분 상하는 말에 바로 반응하는 대신 3초 정도 기다린다. 감정을 느끼지만 휘둘리지 않고, 문제를 의식하되 모든 문제를 당장 해결하려 하지 않는 태도다.

마음의 평화는 모든 것을 통제하려 할 때가 아니라, 적당히 흘려보낼 때 찾아온다. 마음 불편한 일이 있다면 잠시 눈을 감고 스쳐 지나가게 해본다. 부정적인 감정이 계속 마음속에 고여 있으면 결국 탁해진다. 느끼고 생각하고 아파하되 흘려보내야 한다. 한 번에 되지는 않는다. 그래서 연습이 필요하다. 꾸준히 반복하며 방법을 찾아가는 과정이다. 없애려고 애쓰지 말고, 그냥 놓아 버리자.

이미 지나간 일들을 붙잡고 있는 건

흐르는 강물을 손으로 막으려는 것과 같아요.

바꿀 수 없는 일로 오늘의 에너지를

낭비하지 않기로 해요.

꽉 쥔 주먹을 펴듯

내 마음도 그렇게 펴 보는 거예요.

일상에 찾아온
문장 한 줄

잠시 멈춰 서서 하루를 돌아보고 또 내다봤으면 합니다. 일상에 깃들어 있는 평범한 것들의 소중함을 들여다봤으면 합니다.

『이기주의 일상의 온도』, 이기주

글을 쓰게 되면서 달라진 것 중의 하나는 일상을 찬찬히 들여다보며, 관찰하는 습관이 생긴 것이다. 바쁘게 지나가던 주변 상황을 섬세하게 보게 되었다. 나를 둘러싼 사소한 것에서 글감을 떠올린다. 어렴풋한 기억을 더듬고 되살려 하나의 글을 완성한다. 무심코 지나치기 쉬운 일상에서 의미 있는 메시지를 만난다. 다른 사람들에게는 흘려 버리기 쉬운 한 줄이 나에게는 뜨겁게 와 닿기도 한다. 누군가에게는 눈에 확 띄는 장면이 또 어느 누군가에게는 찰나일 뿐이다. 같은 곳을 바라보지만 저마다 의미는 다르다.

왜 그럴까? 무의식의 영향이 아닐까? 무의식은 깊숙이

숨어서 우리의 생각과 행동에 영향을 미친다. 일상의 메시지를 다르게 해석하거나 신호를 알아보기도, 혹은 놓치기도 한다. 이러한 무의식의 변화를 돕는 것이 독서다. 전에는 흘려버렸던 일들에서 의미 있는 문장을 자주 만나게 되었다. 찰나에 숨어 있던 소중한 한 줄을. 그로 인해 하루를 바라보는 마음가짐이 달라진다.

여느 주말, 딸과 단둘이 영화 <모아나 2>를 봤다. 가벼운 마음으로 재미있게 보고 있는데 노랫말과 대사가 마음속으로 훅 들어온다. 마치 나를 위한 문장처럼.

"헤매도 돼. 상상만 하다 끝내는 건 재미없잖아. 안전한 결정만 한다면 절대로 모를걸. 규칙은 깨라고 있는 거야, 지도는 없어. 크고 작은 기회들로 가득 찬 너의 선택들, 용기만 가진다면 다 네 것이 될 거야. 길을 잃어! 제멋대로! 헤매 보는 거야!"

이처럼 영화에서도 의미 있는 한 줄을 발견한다. 그저 재미로만 본 게 아니라 한 번 더 깊이 생각하는 계기가 되었다. 소소한 일상을 관찰하면 소중한 의미를 발견할 수 있다. 일상에서 놓치기 쉬운 짧은 문장으로 큰 인사이트를 얻고, 삶의 방향을 바꾸기도 한다. 새로운 시각으로 인생의 변화를 불러온다.

바쁘다는 핑계로 놓쳐 버린 것들이
얼마나 많았을까요?
잠깐 멈춰 서니, 세상이 들려주는
많은 이야기가 보여요.
가장 평범한 순간에서
소중한 문장을 발견합니다.

자연에서
배우는 감사함

나는 이 세상에 부엉이나 올빼미가 있는 게 좋다. 이 새들로 하여금 사람들을 위하여 바보 같고 미치광이 같은 '부엉부엉' 소리를 내도록 내버려두라. 그 울음소리는 한낮에도 어두컴컴한 늪지대나 깊은 숲에 너무나도 걸맞은 소리이기 때문이다.

『월든』, 헨리 데이비드 소로

따뜻한 봄이 지나고 여름이 되면 창 너머로 들려오는 소리가 있다. 한낮에는 매미 소리, 저녁에는 개구리 소리가. 언젠가 지인이 그랬다. 늦은 밤 울어대는 개구리 소리 때문에 잠을 설쳤다고. 그 말에 조금 놀랐다. 왜냐하면 나는 개구리 소리가 정겹고 좋아서 일부러 창문을 열어 두기도 했으니까. 누군가에겐 소음일지 모를 개구리 울음이 오히려 반가운 음악처럼 들리는 건, 아마도 내가 자란 풍경 속에 그 소리가 깊이 스며들어 있었기 때문이리라.

시골의 여름은 언제나 소리로 가득했다. 한낮에는 매미가 뜨거운 열기를 쏟아내고, 해가 기울면 들풀 사이로 풀벌레가 노래했다. 논두렁에서는 개구리들이 밤마다 울어댔다. 도시의 늦은 밤 개구리 소리가 나에겐 잠을 깨우는 소음이 아니라, 마음을 달래주는 자장가인 이유다. 개구리들의 합창은 내 어린 날의 기억과 맞닿아 있었다. 별빛 가득한 여름밤의 고요, 그 속에서 들려오던 개구리 소리는 단순한 울음이 아니라 시골의 밤 풍경이었다. 그래서일까. 번잡함 속에서도 위안을 얻는다.

세상은 더 나아지라고, 더 빨라지라고, 더 소란스럽게 요구하지만, 자연은 결코 서두르지 않는다. 늘 그 자리에서 하나의 질서로 살아간다. 나는 그 앞에서 배운다. 자연이 제자리에 그대로 있다는 사실, 그 리듬을 내 귀로 듣고 느낄 수 있다는 것만으로도 감사한 일이라는 걸.

복잡한 세상 속에서 살다 보니
이젠 자연의 단순한 리듬이 그리워져요.
제때 계절이 찾아오고,
제시간에 해가 뜨듯

자연이 가르쳐줍니다.
급하게 살지 않아도 괜찮다고.

편지 둘

실천

준비된 사람에게만 보이는 것

기회는 특별한 사람이 아니라, 준비된 사람에게 와요.
요란하게 소리 내지 않고, 조용히 스쳐 지나가죠.
매일 쌓아온 마음이 그 찰나를 놓치지 않아요.

지식과 지혜는
다르다

지혜와 맞닿지 않은 지식은 그저 기계 부품에 지나지 않는다. 지식이 삶 속에 지혜와 연결되면 그의 가슴을 태우고, 그의 눈을 뜨게 만들어서 그가 도약할 수 있도록 어깨에 날개를 돋게 해 준다.

『삶을 견디는 기쁨』, 헤르만 헤세

책을 읽으며 나에게 깊이 와 닿는 문장은 경험과 맞닿은 지점이었다. 마음을 울리는 문장에 줄을 긋고 옮겨 적으며 내 삶과 연결한다. 그렇게 지식이 경험과 만나 지혜가 된다. 지식만을 나열한 글은 감동이 없다. 지식과 연결된 나만의 경험을 녹여내야 마음을 움직이는 글이 된다. 지식만으로 책을 써야 했다면 언감생심 시도조차도 하지 못했을 것이다. 내 작은 경험이 누군가에게 도움 될 수 있기를 바라는 마음으로 썼기에 완성할 수 있었다. 힘든 시기를 이겨낸 외로운 분투의 경험이 다른 이에게도 위로가 되기를 바라는 마음, 같은 경험을 하는 사람들에게 조금은 쉽게 갈 수 있는 길이 되길 바라는 마음으로.

 앞으로 다가올 미래는 많은 부분 AI로 대체된다고 한다. 그러나 주어진 데이터와 알고리즘을 기반으로 작동하는 AI는 지식을 생성할 수 있어도 인간의 감성, 지혜까지 제공해 줄 수는 없다. 인간만이 가진 고유한 능력은 단지 지식을 쌓고 활용하는 것이 아니라, 타인과 협력하여 지혜롭게 문제를 해결하는 능력, 경험으로 얻은 지혜에 있다. AI와 인간 고유의 역할과 능력은 달라야 한다. AI가 지식을 대표한다면 인간은 지혜의 주체다. '인공 지능'에 대체될 수 없는 '인간 지능'을 장착해야 한다. 지혜와 함께하지 않은 지식은 허울뿐인 껍데기에 지나지 않으니까.

 살다 보면 알아도 행하지 못할 때가 많다. 오히려 삶의 어려움에서, 관계의 틈에서 배움을 얻는다. 그런 과정을 지나야 비로소 내 것이 되고, 지식이 지혜로 변한다. 지식은 빠르게 쌓을 수 있어도 지혜는 천천히 스며든다. 배움의 끝은 '지식의 양'이 아니라 지혜의 깊이가 아닐까? 책에서 얻은 것을 삶으로 옮겨오고, 삶에서 배운 것을 다시 마음으로 되새길 때 비로소 빛이 난다.

오늘 읽은 책 한 줄이 어제와 다르게 느껴집니다.
같은 문장인데 내 마음이 달라졌나 봐요.
아는 것과 깨닫는 것의 차이
진짜 배움은 내 삶과 만날 때 시작됩니다.
경험이 최고의 스승이지요.

겸손이 지나치면
자기 비하가 된다

동서고금을 막론하고 최고의 처세는 역시 겸손이다. 그러나 습관성 고개 숙이기는 일종의 가면이다. 고개를 숙인다고 겸손은 아니다. 겸손은 머리의 각도가 아니라 마음의 각도다.

『생각의 지문』, 이동규

 겸손한 사람을 좋아한다. 그런 이유로 손웅정, 손흥민, 유해진의 팬이다. 언행에서부터 인품이 느껴지는 사람들. 그들을 닮고 싶다. 그런데 가끔 헷갈릴 때가 있다. 내가 하는 행동이 겸손이 맞는지. 누군가가 칭찬하면 아니라고 해야 할 것만 같다. 바로 인정해 버리면 왠지 거만해 보일 것 같고. 예컨대 "참 부지런하시네요."라는 말을 들었을 때 "과찬이세요, 모르셔서 그렇지 게으른 부분이 훨씬 많아요."하고 말한다. "날씬하셔서 좋겠어요."라는 말에는 "제가 잘 숨겨서 모르시는 겁니다. 하체 비만이거든요." 대답하고. 그냥 감사하다는 말 한마디면 되는데 그게 참 어렵다. 나를 깎아내리는 말을 내뱉게 됨으로써 무의식중에 자존감이 낮아진다. 이건 겸손일까, 자기 비하일까?

겸손의 사전적 의미는 남을 존중하고 자기를 내세우지 않는 태도다. 또한 자신을 낮추고 타인을 존중하는 것, 나의 부족함을 알고 자기보다 뛰어난 자들이 있음을 겸허히 받아들이는 자세다. 난 겸손이 지나친 사람인 걸까? 내가 거짓 겸손을 꾸미려고 하다 보니 더 어려운 걸까? 진짜 겸손은 자신의 가치를 알면서도 그것을 자랑하지 않는 것이다. 반면, 자기 비하는 스스로 가치를 애초에 인정하지 않는 것이다. 그러한 부정적인 말을 반복하다 보면 그게 진실이 되어 버린다. 내가 거는 최면처럼.

자기 비하는 자신을 과소평가하고 경멸함으로써 비난하는 행동, 혹은 과도하게 겸손한 행동을 말한다. 맞다. 과도한 겸손은 자기 비하다. "에이, 아니야."라며 말하는 대신 '아, 나를 이렇게 생각하는구나.'라고 받아들여 본다. 칭찬을 부정하는 순간 스스로 노력을 깎아내리는 것이고, 상대방의 판단을 부정하는 것이다. 조금 민망하더라도 나를 좋게 봐주심에 감사를 표하면 어떨까. 그게 자신과 상대에 대한 존중 아닐까. 자랑하거나 드러내지 않으면서 상대방에 대한 존중과 감사의 마음을 갖고 있다면, 손사래 치며 부인하고 사양하지 않아도 겸손을 표현할 수 있다.

바야흐로 지금은 자기 PR 시대다. 그러므로 적절한 자기표현도 필요하다. 겸손은 자신을 낮추는 것이 아니라 타인을 존중할 줄 아는 태도다. 칭찬을 받아들이되 오만해지지 않는 것이다. 나를 낮추기보다는 상대를 높이며 오만과 겸손 사이에서 균형을 찾는다. 과도한 겸손은 자기 비하와 같으니까.

> 진정한 겸손은 자신을 낮추는 게 아니라
> 있는 그대로의 나를 받아들이는 거예요.
> 겸손하다고 생각했던 그 말들이
> 사실은 스스로를 작게 만드는 말이라는 걸
> 이제야 깨달았어요.
> 내 가치를 인정하면서도 상대를 존중하는 것.
> 당당하게 빛나는 게 '나다운 겸손'입니다.

많이 듣고,
적게 말하기

말을 아껴라. 그리고 잘 듣는 사람이 되어라. 다른 사람들이 자신에 대해 이야기하도록 만들어라.

『데일 카네기 인간관계론』, 데일 카네기

요즘은 말로 나를 적극적으로 알리는 시대다. 그래서 말 잘하는 법, 상대의 마음을 움직이는 법 등 어떻게 말해야 하는가가 더 중요해졌다. 그 가운데 빠지지 않고 강조하는 부분이 잘 듣는 것이다. 아이를 키우며 경청의 중요성을 깨달았다. 아이의 눈높이에서 잘 들어주는 것만으로도 신뢰감을 줄 수 있었다.

요즘 사춘기에 접어든 큰아이와의 관계에서도 잘 들어주려 노력하고 있다. 경청은 단순히 잘 듣는 것이 아니라, 상대방의 마음을 이해하고, 공감하며 존중하는 태도다.

나이가 들어가며 신중해야 함을 자주 느낀다. 그래서 주변 사람들과의 관계에서도 많이 듣고 적게 말하기 위해 노력한다. 그런데 마음이 편한 오랜 친구들을 만나면 쉽지가 않다. 잘 듣고 있다가도 어느새 더 많이 말하는 나를 발견한다. 말이 많을수록 실언하기 쉽다. 생각보다 앞서는 말은 쉽게 후회를 남긴다. 반면 잘 듣는 사람은 상대방에게 귀한 선물을 준다. 바로 온전한 관심이다. 진심으로 귀 기울이는 모습에 상대는 존중받고 있다고 느낀다. 누구나 자신의 이야기를 하고 싶어 한다. 서로 더 말하기 위해 바쁘다. 그러므로 잘 듣는 사람은 언제나 특별한 존재가 된다.

많이 듣고 적게 말하라는 뜻의 다청소언(多聽少言)이라는 말처럼 경청이 진정한 의사소통으로 가는 길이다. '123 대화법'이 좋은 예시가 된다. 대화하면서 1번 말하고, 2번 듣고, 3번 고개를 끄덕이며 공감하는 것이다.

간혹, 본인의 말에 심취해 자신의 말만 하느라, 상대방의 이야기에는 관심이 없는 사람들이 있다. 이런 태도는 진정한 연결을 가로막는다. 그럼, 나에게 호감을 느끼도록 하기 위해서는 어떻게 해야 할까? 반대로 하면 된다. 잘 듣고, 적절한 반응과 질문을 하며, 자신에 관한 이야기를 더 많이 할 수 있도록 해 주면 된다. 흥미롭게도 적게 말할수록 사람들은 우리에게 더 큰 관심을 둔다. 경청할수록 신뢰를 얻고,

그 신뢰는 더 깊은 관계로 이어진다. 누군가에 대해 오래 기억하는 경우는 말보다 태도였다. 대화는 말로 이루어지지만, 진심은 그 너머에서 전해지니까. 나도 그런 사람으로 곁에 머물고 싶다.

> 말보다 침묵이 더 많은 걸 말해줄 때가 있어요.
> 잘 듣는 사람이 되면 세상이 나에게
> 더 많은 이야기를 들려줍니다.
> 상대방이 자신의 이야기를
> 편안하게 할 수 있는 분위기,
> 그것이 진정한 소통의 시작점이에요.

뺄셈의 지혜가
필요하다

속박과 구속을 벗으세요. 비워야 채워지고, 버려야 얻습니다. 인간도 대자연의 일부에 불과합니다. 피고 지는 꽃처럼 인간도 그렇게 돌아갑니다.

『장자에게 배우는 행복한 인생의 조건』, 이인호

더 많이, 더 빨리, 더 자주. 우리는 과잉의 시대에 살고 있다. 정보 과잉, 물질 과잉 속에서 과도한 비교와 경쟁으로, 남들보다 뒤처질 수 있다는 불안함과 조급함이 생긴다. 더 가져야 안심이 되고, 더 채워야 만족한다. 하지만 넘치는 건 모자란 것만 못하다. 어쩌면 결핍보다 더 무서운 게 과잉인지도 모르겠다. 삶이 편리해졌지만 편안하지는 않다. 더 풍요로워졌지만, 이따금 공허해진다. 왜 그런 걸까? 더 많이 갖기 위해 집착할수록 삶은 힘겨워진다. 계속 채우기만 하면 점점 기울어지고 균형을 잃는다. 잠시 멈춤, 빼기를 해야 할 때다. 넘치는 것들을 덜어내면 마음의 여유가 생긴다.

다섯 식구라 수건도 더 많이 필요하다고 생각했다. 양말도 각자 많이 준비해 놓으면 더 편할 줄 알았다. 하지만 아니더라. 많은 양의 수건은 오히려 많은 빨래만 만들어낼 뿐이고, 짝을 잃은 양말로 뒤죽박죽이 되어 버리기 일쑤였다. 답은 빼기에 있었다. 수건도 단출하게 다섯 장만, 양말도 세 켤레씩. 빼기는 단순화하는 과정이다.

아이들의 교육도 마찬가지다. 과도한 입시 경쟁 속에서 사교육 시장은 날로 커지고 있다. 지금 이 시기를 놓치면 영원히 뒤처질 것처럼 느껴져 조바심에서 벗어나지 못한다. 그러나 이제는 교육도 '더하기'보다 '빼기'가 필요하다. 초등학교까지만이라도 독서와 충분한 놀이 시간으로 배움의 즐거움을 느낄 수 있게 해 주면 어떨까? 빼기는 비움이 아니라 자신을 위한 채움이었다. 정말 소중한 것을 위한 공간을 만드는 일이다. 덧셈보다 뺄셈이 본질에 가까워지는 길이다.

더하는 것보다 빼기가 더 어려운 세상이에요.
무엇을 남겨둘지 선택하는 용기가 필요하지요.
하루 일정에서, 옷장에서, 인간관계에서
불필요한 것들을 덜어낼 때,
비로소 진짜 중요한 것들이 빛나기 시작합니다.
빼는 만큼 선명해져요.

혹시 습관적 투덜이는
아니신가요?

불평을 늘어놓을 때마다 우리는 우리가 원하는 바대로 되어가지 않는 것에 대해 초점을 맞추어 말하고 있는 것이다. 우리의 생각이 우리의 삶을 만들고, 우리가 하는 말이 우리의 생각을 만든다.

『불평 없이 살아보기』, 윌 보웬

고백하건대 내가 바로 습관적 투덜이였다. 어쩌면 대화의 반 이상이 부정적인 이야기였던 것 같다. 불만족한 상황을 푸념하듯 말함으로써 공감을 얻고, 위로받고 싶은 마음이 컸다. 하지만 본질적인 문제는 해결할 수 없었다. 같은 상황을 더 반복할 뿐이다.

살면서 불평을 전혀 하지 않을 수는 없다. 그러나 의식하고 노력할 수는 있지 않은가. 내가 쓰는 언어를 점검해 본다.

사람들은 비난하고 불평하는 사람보다 긍정적인 사람을 더 좋아하기 마련이다. 함께하고 싶어 하고, 도와주고 싶어

한다. 긍정 에너지는 낙관적인 상황을 끌어당기고, 곁에 더 좋은 사람들이 머물 수밖에 없다. 어쩌면 우리는 내가 하는 말이 불평인지조차 의식하지 못한 채, 이야기하고 있는지도 모른다. 일상에서 무의식적으로 내뱉는 말들은 내 귀를 통해 다시 나에게로 들어온다. 결국 스스로 부정적인 영향을 주게 되는 것이다. 불평이 습관이 되었다는 건 부정적인 생각의 길이 더 넓어지고 선명해졌다는 것과 같다. 그러므로 일상에서 너무 쉽고 자연스럽게 더 자주 그 길로 들어선다.

사람들은 생각보다 남의 말에 관심이 없다. 내가 하는 이야기가 늘 불평불만이라면 더 외면하지 않을까. 나는 속상하고 힘든데 상대방은 '또 시작'이라며 가볍게 넘겨 버리기 쉽다. "우리는 장미 덤불에 가시가 있다고 불평할 수 있지만, 가시덤불에 장미가 있다고 기뻐할 수도 있다." 에이브러햄 링컨의 말이다. 불평한다고 바뀌는 것은 없다. 불평하고 싶은 마음이 생길 때면 잠시 멈추고 생각을 전환해 본다. 어려운 시간이 불만투성이의 원망스러운 일이 될 수도 있고, 더 성장하는 계기가 되기도 한다. 우선 내가 쓰는 불평의 언어를 인식하는 것부터이다. 나를 사랑하는 마음으로.

불평이 입 밖으로 나오는 순간 잠시 생각해 봐요.
내가 부족한 것만 보고 있는 건 아닌지 말이지요.
이제는 왜 그렇게 안 되는지를 불평하는 대신
'이 상황에서 무엇을 배울 수 있을까?'를 생각해요.
한숨 대신 지금 할 수 있는 것을 생각하지요.

양이 채워져야
질적 변화가 일어난다

100번 이상은 해봤으면 합니다. 쉬운 게 이상한 거고 어려운 게 당연한 겁니다. 과정이 너무 어렵다면 이뤘을 때 희소성이 커집니다. 마침내 넘어섰을 때 입지가 훨씬 단단해져요.

『그냥 하는 사람』, 김한균

양이 충분히 채워지면 어느 순간 질적 비약이 이루어진다. '양질 전환의 법칙'이다. 독일의 철학자 '헤겔'이 말한 개념이다. 채우려면 기다려야 한다. 책 한 권 읽었다고 바로 변화하지는 않겠지만 한 권, 두 권, 1년, 2년 꾸준히 읽다 보면 내 안에 차곡차곡 쌓이고 어느 순간 내적 변화를 이룬다. 시간이 지나면 결국 가득 차게 되고, 단 한 방울의 노력만으로도 흐르게 된다. 끝까지 인내하며 계속해 나간 사람만이 질적 변화를 경험하게 된다.

아이에게 책을 읽어주는 과정도 그랬다. 귀찮고 하기 싫은 날에도 단 한 권이라도 꼭 읽어줬다. 책 읽기는 믿고 기다리면 힘이 세진다. 쉽고 재미있는 책을 충분히 읽은 아이는 저절로 책에 몰입하게 되고, 스스로 내면의 힘을 키우게 된다. 읽는 속도가 빨라지며 다양한 지식을 흡수하고, 질적 도약을 이루듯 한 단계 점프한다. 처음 시작은 별것 아닌 책 한 권이었지만, 작은 물방울이 모여 큰 바다를 이루듯 꾸준히 쌓아온 양이 결국 질적 변화를 만들어낸다.

아이들 덕분에 나 또한 읽는 엄마가 되었다. 어느새 7년이라는 시간이 지났고, 어제와 다른 내가 되었다. 그동안 수많은 갈림길에서 고민했다. 계속 걸을 것인가, 멈출 것인가. 한 걸음 더 나아갈 것인가, 돌아설 것인가. 멈추고 다시 시작하기를 반복하며 여기까지 왔다. 그랬다. 정말 소중한 것들, 의미 있는 성취는 바로 그 지점 너머에 있었다. 더 이상 못 하겠다고 말하며 돌아선 바로 그다음에.

많은 사람이 시작은 한다. 열정적으로 다짐하며 첫발을 내디딘다. 시간이 지나며 현실은 버겁고, 과정은 지루하고, 결과는 생각보다 느리다. 그러나 임계점은 100도. 마찬가지로 100번째부터가 비로소 진짜 성취의 시작인 거다. 코앞 99번째에서 멈추지 말아야 임계점을 넘을 수 있다. 마라톤에서 가장 힘든 건 마지막 몇 킬로니까.

나는 100번까지 하는 사람이다. 지난한 과정을 인내하고 넘어서는 사람이다. 중간에 포기하지만 않으면 나아갈 수 있다. 멈추지 않고 한 걸음 더 내딛는 것, 그게 바로 성취를 만드는 유일한 방법이다. 끝까지 가본 사람만이 자신의 한계를 넘는 기쁨, 흔치 않은 성취를 누린다. 언젠가는 가득 채운 물이 흘러 나를 충분히 적시고, 나눌 힘도 갖게 되리라는 희망을 품어본다. 묵묵히 걸어온 만큼 채워질 테니까.

작은 물방울 하나하나가 모여
결국 바위를 뚫어내지요.
당신 안에서도
보이지 않는 변화가 일어나고 있어요.
작은 노력이 쌓이고 쌓여
어느 순간 완전히 다른 사람이 되어있을 거예요.
양이 쌓이면 질이 바뀝니다.

신발 속의
작은 돌

당신을 지치게 하는 것은 올라야 할 산이 아니다. 신발 속의 조약돌이다. '무하마드 알리'

『아무튼, 명언』, 하지현

산을 오르기 전에 눈앞에 보이는 커다란 산을 바라보면 벌써 지친 한숨이 나온다. 끝이 보이지 않는 정상, 높고 험난해 보이는 경사에 버거운 마음이 앞서고. 산이 높을수록, 길이 멀수록 더욱 단단히 무장하고 출발한다. 그러나 정작 우리를 주저앉히는 건 거대해 보이는 산이 아니다. 그 길을 걷는 발끝의 불편함이지. 작고 사소해 보이는 신발 속에 들어온 작은 돌 하나가 하루를 망치고 발길을 돌리게 한다.

작은 돌 하나는 너무 작아서 무시해 버린다. 하지만 시간이 지날수록 점점 더 불편해지고, 급기야 발에 상처를 내게 된다. 결국 걷는 것 자체가 고통이다.

우리의 인생도 그렇지 않을까? 커다란 문제보다 마음속에 묵혀둔 작은 불편함이 더 큰 짐이 되곤 한다. 그 작은 돌은 누군가가 무심하게 건넨 말 한마디일 수도 있고, 털어놓지 못한 속마음, 작은 오해, 외면해 버린 사소한 감정일 수도 있다. 아무것도 아닌 것처럼 보이는 그 조그마한 불편함이 계속 자극하고 마음을 흔들어 산을 넘을 수 없을 것 같다고 결론을 내어 버린다.

"엄마 잠깐만, 나 신발에 돌이 들어간 것 같아." 신나게 뛰어가던 아이가 멈춰 서며 말한다. 신발을 벗어서 확인해 보니, 안쪽에 작은 돌멩이가 들어가 있다. 툭툭 털어서 빼내고 다시 편안하게 걸어갈 수 있었다. 불편하고 힘이 들 땐 멈춰도 된다. 잠시 앉아서 돌을 빼내면 더 가벼운 발걸음으로 다시 길을 나설 수 있다. 인생의 큰 고비 앞에서도 무너지지 않으려면, 작고 사소한 불편함을 소홀히 여기지 말아야 한다. 어쩌면 내가 지금 힘든 건 산이 높아서가 아니라, 마음속 작은 돌 하나 때문일지도 모른다. 잠시 멈춤은 포기가 아니라, 더 멀리 가기 위한 준비다. 일시 정지, 마음의 균형을 찾는 방법이다.

때로는 큰 도전 앞에 작은 불편함이

우리를 힘들게 하지요.

매일 마주하는 무기력함,

해결하지 못한 사소한 문제들이 나를 멈춰 세워요.

큰 산을 무사히 오르기 위해서는

작은 불편을 해소해야 해요.

내 신발부터 점검합니다.

나는 어떤 가면을
쓰고 있을까?

파스칼은 인간이 서로 상충하는 감정과 생각으로 살아가는 모순적 존재임을 강조합니다. 자유를 갈망하면서도 동시에 안정성을 추구하는 점 등은 흔히 볼 수 있는 인간의 모습이라고 할 수 있습니다.

『파스칼 인생공부』, 김태현

안 그러고 싶은데 어쩔 수가 없다. 타인의 시선에 얽매이지 않으려 노력하지만 참 어려운 일이다. 누구나 사랑받고 싶고, 인정받고 싶은 욕구가 있다. 그 욕구를 채우기 위해 때때로 거짓과 이중성 속에, 자신을 숨기고 살아간다. 부족하거나 나약한 모습을 숨기고 멋지고 예쁜 모습, 잘 사는 모습을 보여주고 싶다. 소셜 미디어 시대에 이런 위장은 더욱 정교해졌다. 신중하게 편집된 사진과 글로 화려하게 연출하고, 실제와 다른 행복한 모습을 세상에 보여준다. 진짜 자신은 숨어 버리고.

과거 코로나로 인해 모두 마스크를 쓰고 다녔다. 마스크 착용이 의무였던 때, 불편함 속에서도 나름 편한 부분도 있었다. 얼굴을 가리는 용도로 익숙해졌기 때문이다. 마기꾼(마스크 착용한 얼굴과 벗은 얼굴이 다르다는 뜻)이라는 신조어가 유행할 만큼. 마스크는 우리말로 번역하면 가면이다. 체면을 우선시하고 남의 눈을 지나치게 의식하다 보니 가면을 쓰게 된다. 원만한 인간관계를 유지하기 위해, 서로를 보호하기 위해서.

나는 지금 어떤 가면을 쓰고 있을까? 성실한 주부의 가면인가, 다정한 친구의 가면인가, 착한 며느리의 가면인가, 친절한 엄마의 가면인가. "괜찮다"라고 말하지만 사실은 지쳐 있고, 이해한다며 끄덕이지만 속으로는 동의하지 않는다. 누군가에게는 웃는 얼굴이지만 또 다른 사람에겐 싸늘한 침묵으로 대하기도 한다. 말은 포용을 이야기하지만 속으로는 선을 긋고 조건을 건다. 왜 그럴까? 있는 그대로의 내가 부족하다는 평가를 받을까 봐, 날것의 나를 거절당할까 봐 두려워서다. 관계를 유지하고 상처를 피하고자, 평화를 지키려는 본능적인 방어기제다.

그러나 거짓이라는 편한 옷은 점점 무거워지고 숨 막히는 순간이 오게 마련이다. 그럼 어떻게 해야 할까? 진정성과 진실성을 앞에 두고 내 감정과 생각을 그대로 정직하게 받아들여 본다. 나의 이중성과 모순적인 모습 또한 '나'라는 사실을 인정한다. 늘 좋은 모습만 보여줄 수 없다는 것도, 그게 흠이 아니라는 사실도. 그래야 비로소 조금 덜 피곤해지고, 진실한 나와 더 가까워질 수 있다. 어쩌면 진짜 용기는 가면을 벗는 데 있지 않을지도 모른다. 때로는 가면이 필요하다는 걸, 그런 나도 충분히 사랑받을 가치가 있다는 걸 아는 데 있지 않을까. 타인에게 보여주는 나 말고, 진짜 나에게 조금 더 가까워질 수 있도록. 스스로 만족하는 삶을 위해.

상처받을까 봐, 실망하게 할까 봐
진짜 나를 숨기고 가면을 쓰고는 해요.
그러나 완벽한 나를 보여주려고 할수록
점점 불완전한 내가 되어갑니다.
조금씩 용기 내어,
진짜 내 모습을 사랑해 보려고요.
나의 모순적인 모습도 받아들여 봅니다.

당신의 강점은
무엇인가요?

무엇보다도 진정한 행복의 핵심은 자신의 강점을 발견하고 그것을 발휘하며 살아가는 것이다. 자신이 잘할 수 있는 일을 통해 즐거움과 성취와 보람을 느끼는 것이야말로 진정 행복한 삶이다.

『회복탄력성』, 김주환

단단하고 육중한 코끼리는 맹수들의 공격을 막아내기에 충분해 보인다. 커다란 몸집만으로도 이미 승자다. 그런 코끼리가 가장 무서워하는 것은 뭘까? 바로 작은 '벌'이다. 벌은 코끼리에게 공포의 대상이라고 한다. 코끝이나 눈, 귀 가장자리 등 예민하고 약한 부분을 쏘이면 견디지 못하고 도망가 버린다. '윙윙' 소리만 들어도 뒷걸음질 칠 정도로. 벌을 두려워하는 코끼리, 재미있다. 그리고 왠지 희망적이다. 이 세상에 절대 강자는 없다고 가르쳐 주는 것 같다. 작은 벌의 힘으로는 결코 이길 수 없는 싸움이다. 그러나 강점인 벌침을 무기로 이길 수 있었다. 자신만의 힘을 기르는 방법은 잘할 수 있는 것, 강점에 더 집중하는 것이다. 위기에서 승자가 되는 방법이다. 자신의 좋은 점을 생각하며 잘하는 것에 더 노력한다.

나의 강점은 무엇일까? 긍정적인 마인드이다. 감사 일기를 쓰면서 마인드가 많이 바뀌었다. 일상을 다르게 보는 힘이 생겼다. 없는 것보다 가진 것에 집중하며, 지금 이 순간 곁에 있는 것의 소중함을 알게 되었다. 아무 일 없이 지나간 하루에도, 무사히 보낸 오늘에 감사한다. 두 번째는 '꾸준함'이다. 물론 모든 것에 적용되는 건 아니다. 그러나 꾸준히 하고 있는 몇 가지가 있다는 것만으로도 큰 강점이라고 생각한다. 7년째 새벽에 일어나 독서하고, 딱 1년 만이라도 블로그에 꾸준히 기록해 보자고 다짐하고는 결국 해냈다.

그동안 약점에 집중하며 바보처럼 살아왔다. 못하는 것투성이인 내가 좋을 리가 없었다. 다른 사람과 비교하며 '나는 왜 이렇게밖에 못하나?' 한심하기만 했으니까. 그런데 다시금 생각해 보니 내가 힘들었던 건 모두 '나' 때문이었다. 약점을 극복하기 위해 너무 애쓰지 말자. 약점에 집중할수록 오히려 점점 주눅 들 뿐이다. 이제는 반대로 강점에 집중해 본다. 내가 좋아하는 것, 잘하는 것에. 코끼리도 이길 수 있는 자신만의 강력한 무기를 가질 수 있도록.

약점을 고치는 데 시간을 낭비하지 마세요.
그 시간에 나만의 강점을 더욱 빛나게 만드는 거예요.
평범한 것을 완벽하게 만들기보다
특별한 것을 더 반짝이게 하는 게 훨씬 가치 있어요.
당신의 강점은 무엇인가요?

지름길이
종종 길이다

  다산이 말하는 지름길은, 빠른 결과를 얻는 방법을 배우는 것이 아니라, 기반을 탄탄히 닦는 것이다. 그것을 보고 사람들은 '빠른 길을 두고 왜 둘러서 가느냐?'라고 묻지만, 사실은 그것이 가장 빠른 길이다.

『다산의 마지막 습관』, 조윤제

  힘들고 오랜 시간이 걸리는 길과 빨리 가면서 덜 힘든 길이 있다. 어떤 길을 선택 할까? 당연히 두 번째 길일 것이다. 하지만 세상에 공짜가 있던가. 그만큼의 대가가 있지 않을까? 같은 곳에 도착할 수는 있을지라도 분명 다른 모습일 테다. 힘듦을 견디고 오랜 시간 걸어간 길에는 축적된 시간이 있다. 시행착오를 겪으며 경험을 쌓은 시간이다. 그러나 당장은 빨리 가는 길에 솔깃해진다. 느리게 돌아가는 길은 바로 눈에 보이지 않으니까, 시간 들여 고생하지 않고 빠른 성과를 얻고 싶으니까. 우리가 지름길을 찾는 이유다.

"지름길이 종종 길이다."

지름길은 가까운 길이기는 하다. 하지만 결국 종종걸음으로 바삐 서둘러 가는 경우가 많다. 당장 효과적인 방법을 찾는 마음 안에는 노력을 덜 하고, 쉽게 이르고 싶은 생각이 숨어 있다. 빠른 결과를 바라는 조바심은 깊이를 상실한다. 역량은 저절로 길러지지 않는다. 시간과 노력을 쏟아 켜켜이 쌓아가는 과정에서만 자란다.

육아와 교육도 마찬가지 아닐까? 당장 코앞의 현실만 보며 종종걸음으로 가고 있지는 않은지 말이다. 빨리 가는 것이 멀리 가는 건 아니니까. 빠르게 변화하는 현대사회는 불안과 조급함이 생길 수밖에 없다. 결국은 똑같은 길을 택하고, 서둘러 가는 레이스에 들어설 수밖에 없다. 경쟁하듯 너도나도 남들보다 더 빨리 앞서가려고 한다. '7세 고시'라는 말이 쟁점이 되고 있듯이 연령대는 더욱 낮아졌다. 모두가 지름길을 찾느라 혈안이 되어있기에 벌어지는 일이 아닐까?

모두 똑같이 가는 길이 맞다는 생각에서 벗어나 조금 다른 방향도 고민해 보면 어떨까? 오히려 다르게 가는 것이 경쟁력이 된다. 에둘러 빨리 가려 애쓰지 말고 충분히 무르

익을 시간을 갖는다. 아이 내면의 힘을 믿고 자연스러운 발달을 도와주면서. 더 빠른 길이 없는지 찾다 보면 종종걸음이 된다. 종종걸음으로 서두르지 말자. 오랜 시간이 걸린 만큼 더 밀도 높은 진한 사람이 될 거다. 엄마도, 아이도.

모두가 가는 그 길이 나에게도 맞는 길일까요?
가깝고 빠른 길이 다 좋은 길은 아니지요.
때론 멀리 돌아가는 길에서 더 성장해요.
천천히 가면 보이는 것들이 있어요.
더 아름다운 풍경이 보입니다.
조금 돌아가더라도 내 호흡에 맞춰 갈래요.

그냥
했다는 말

 저게 저절로 붉어질 리는 없다. 저 안에 태풍 몇 개, 저 안에 천둥 몇 개, 저 안에 벼락 몇 개. 저게 혼자 둥글어질 리는 없다. 저 안에 무서리 내리는 몇 밤, 저 안에 땡볕 두어 달, 저 안에 초승달 몇 날.

『대추 한 알』, 장석주

 꿈을 이루고 성공한 사람들은 입을 모아 말한다. 그냥 했다고, 그냥 했을 뿐이라고. 마치 운이 좋았다는 말로 들렸다. 그러나 그 안에는 함축된 의미가 있다. 그건 '이것저것 재보지 않고 시도했어요.', '무모해 보이는 일이지만 묵묵히 했어요.', '그만두고 싶은 마음과 타협하지 않았어요.'라는 말이었다. 일이 쉽지 않아 보여도, 당장 보이는 성과가 없어도, 희망이 보이지 않아 막막하더라도 멈춰 서지 않고 견뎌냈다는 뜻이다.
 그냥 했다는 말의 힘을 믿는다. 그래서 매일 그냥 한다.

블로그에 글 한 편을 쓰고, 감사 일기를 쓴다. 독서와 필사를 하고, 목차 하나를 채운다. 오늘 쌓아가는 돌은 하찮은 벽돌 하나일 뿐일지라도 계속 모으고 쌓아간다면 단단하고 튼튼한 기둥이 될 수 있다. 그럼에도 불구하고 계속하는 것. 단순하지만 유일한 답이다. 가고자 하는 방향으로 계속 걸어가는 것이다.

무언가를 시작하기 전에 이것저것 생각이 많아지면 시작하기 어렵다. 잘할 방법을 궁리하느라 시간만 흘러간다. '일단', '우선', '지금' 시작하는 거다. '제대로', '철저히', '완벽히' 하면 할 수 없다. 뭐라도 해보는 게 낫지 않은가. 아무것도 안 하면 0이다. 뭐라도 하면 1이 된다. 0과 1은 훗날 하늘과 땅 차이가 된다. 그냥 했더니 절대 못 할 것 같았던 일도 해낼 수 있었다. 책을 읽을수록 미래의 내가 기대된다. 깨달음을 얻을수록 자신감이 생긴다. 생각이 깊어질수록 삶이 더 단순해진다. 오늘도 그냥 한다. '그냥 했다'는 말의 힘을 믿으니까.

일단 시작하세요.
완벽히 하겠다는 마음이
가장 완벽한 방해꾼이에요.

준비만 하다 보면
준비하다가 끝나버립니다.
내일도 똑같이 망설이고 있을 테니까요.

준비된 사람에게만
보이는 것

기회란 발견하고 붙잡아야만 비로소 의미가 생긴다. 기회는 보려는 준비가 된 사람에게만 보인다. 세상에 뛰어들어 당신의 존재를 알리고 기회를 만나라.

『롭 무어 부와 성공의 기회』, 롭 무어

잘되는 사람들을 보면 늘 행운이 따르는 것처럼 보인다. 뭘 해도 다 잘되는 것 같고. 그러나 자세히 들여다보면 그 '운'이라는 것이 결코 우연이 아니었음을 깨닫게 된다. 그들은 기회가 오기 전부터 이미 준비하고 있었다. 마치 농부가 씨를 뿌리고 밭을 가꾸듯 보이지 않는 곳에서 묵묵히 해온 것이다.

행운이 코앞에 와있어도 알아보지 못한다면 얼마나 안타까울까? 기회를 알아보는 눈은 저절로 생기지 않는다. 조용히 꾸준하게 자신을 다듬어가는 시간이 필요하다. 가만히 살펴보니 그들은 달랐다. 실패를 두려워하지 않는 용기, 포기하지 않는 끈기와 자신감이 있었다. 준비는 단순히 지식을 쌓는 것만을 의미하지 않는다. 매일 더 나은 내일을 위해 해나가는 모든 과정이다. 작은 행동들이 모여 언젠가 큰 기회를 잡는 힘이 된다. 늘 생각하며 깨어있어야 보인다. 그래서 책을 읽는다. 다양한 간접경험을 통해 세상 보는 눈을 키우고, 깊이 있는 문장으로 사고의 폭을 넓힌다. 향상된 문제해결 능력으로 더 나은 결정을 내릴 수 있다. 기회를 알아보는 눈이 장착된다.

블로그에 글조차 쓰지 않았던 내가 책을 써보겠노라 마음먹었다. 맨땅에 헤딩하듯 책을 쌓아놓고 읽으며 배우고 익혔다. 글쓰기 노하우도, 책 쓰는 방법도 쓰면서 터득했다. 쓰고 싶어서 시작했고, 할 수 있겠다는 용기가 생겼다. 나는 왜 갑자기 책을 쓰고 싶었을까? 왜 작가가 되고 싶었을까? '갑자기'가 아니었다. 서서히 꿈이 생긴 거였지. 꾸준히 읽어 왔기에 기회가 보였달까. 7년 동안 읽어 온 시간이 준비의 시간이었다.

같은 상황에서도 준비된 사람과 그렇지 않은 사람은 전혀 다른 것을 본다. 한 사람에게는 평범한 일상이 다른 사람에게는 인생을 바꿀 전환점이 되기도 한다. 어쩌면 우리는 눈앞의 기회를 모르고 그냥 지나치고 있는지도 모른다. 준비해야 보이고, 알아야 보인다. 방법은 차근차근 오늘을 쌓아가는 것이다. 언제 찾아올지 모를 기회를 알아보기 위해서.

> 기회는 특별한 사람이 아니라
> 준비된 사람에게 와요.
> 요란하게 소리 내지 않고,
> 조용히 스쳐 지나가죠.
> 매일 쌓아온 마음이
> 그 찰나를 놓치지 않아요.

어차피 인생은
내 편이니까

    어떻게 살아도 인생은 당신의 편. 스스로의 목소리에 귀 기울이고 스스로를 굳게 믿으며 순간에 충실한 사람 앞에 빛나는 오르막길이 펼쳐진다.

『결국 원하는 대로 이루어질 거야』, 최서영

    오르막길은 힘든 길이기만 할까? 인생에서 오르막길은 단순히 힘겨운 시기만을 의미하지 않는다. 우리를 더 높은 곳으로 이끄는 빛나는 여정이기도 하다. 낮고 평탄한 길에서는 보이지 않던 풍경이 높고 험한 길 위에선 눈부시게 펼쳐진다. 오르막길 앞에서는 두렵다. 그래도 내디뎌보는 거다. 그 걸음 하나가 다음 걸음을 이어갈 수 있게 해준다.
    문제는 중간 지점이다. 가장 힘든 순간 정상은 아직 까마득해 보이고, 내려가기에는 너무 많이 왔다. 포기해 버리고 싶지만, 이 지점을 넘어서야 진짜 성장을 할 수 있다. '현재의 고난은 미래의 축복이다.' 고난이 나를 더 강하게 만든다.

"내 인생은 나에게 가장 유리하게 흘러간다. 늘 기억하자. 어떤 상황 속에서도 내 인생은 나에게 가장 유리하게 흘러가고 있다는걸." 거울 옆에 붙여두고 수시로 읽으며 마인드셋을 하는 문장이다. 모든 일이 자신에게 가장 좋은 방향으로 흘러간다고 생각하면 더 좋은 해결책을 찾을 수 있다. 안 좋은 일에서도 좋은 점을 발견한다. 문제를 적으로 보지 않고, 성장의 동반자로 볼 수 있다.

고난의 오르막길과 빛나는 오르막길의 차이는 마음에 달려 있었다. 지금 힘든 일도 자신을 위해 일어난 일이다. 지금 내 앞의 걸림돌도 결국 나에게 유리해진다.

"어차피 인생은 내 편이니까."

힘든 일 앞에서
왜 나한테만 이런 일이 생기는지 속상했어요.
그러나 이젠 나를 위해 일어난 일이라고 바꿔서 생각해요.
이유가 있기에 나에게 온 겁니다.
지금 답답하고, 막막해도 괜찮아요.
어차피 인생은 내 편이니까요.
인생이 자꾸 자신을 밀어내는 것 같을 땐,
조용히 말해보세요.

"오늘도 감사해, 내 인생아."

나눌수록
더 성장한다

누구에게나 남을 돕고자 하는 본성이 있다. 이런 마음을 잘 이용하면 자기 안에 잠들어 있는 창의적인 아이디어를 밖으로 꺼낼 수 있다. 창의는 발휘하는 게 아니고 발휘되는 것이다.

『고전이 답했다 마땅히 살아야 할 삶에 대하여』, 고명환

매일 수많은 인풋을 경험한다. 책을 읽거나 영상을 보고, 사람들을 만나며. 그러나 우리는 얼마나 내보내며 살고 있을까? 넘쳐나는 정보를 수동적으로 받아들이기만 하고 있는 건 아닐까. 생산자의 삶이 성장을 이끈다. 세상은 혼자서 이룰 수 없는 일들로 가득하다. 배운 것을 나눌 줄 알아야 함께 성장할 수 있다. 진짜 성장은 나누는 용기에서 시작된다.

블로그를 시작한 것도 비슷한 맥락이었다. 그동안 책에서 배운 지혜와 시행착오 끝에 얻은 깨달음을 정리해서 올리기 시작했다. 처음에는 '누가 보기나 할까?', '내가 도움이 될

수 있을까.' 망설여졌다. 점점 작아지는 마음을 이겨내고 하나씩 더 도전했다. 블로그 글을 바탕으로 책도 쓰고, 인스타그램이나 스레드에 매일 업로드 한다. 인풋만으로는 성장이 더딜 수밖에 없다. 좋은 책에서 얻은 인사이트를 내 안에 가둬두고 표현하지 않으면 점점 옅어진다. 우리 각자의 마음속 우물에 계속 채우기만 한다면 어떻게 될까? 시간이 흐르며 탁해지지 않을까. 쌓아가기만 하고 표현하지 않으면 정체되어 성장이 더딜 수밖에 없다. 흘려보낸 물이 강이 되어 만나는 것처럼 나눌수록 더 커진다.

읽기만 했을 때는 몰랐다. 그러나 쓰면서 확실히 알게 되었다. 내 안에 많은 것들이 숨어 있었다는 것을. 아는 걸 나눈다고 해서 내 것이 줄어드는 건 아니다. 나누는 과정에서 스스로 더 깊이 배우게 되니까. 오히려 나눌수록 더 단단히 자리 잡는다. 내가 나눈 것들이 도움 되었으면 좋겠다. 누군가의 하루를 조금이나마 밝힐 수 있다면 좋겠다. 그래서 계속 읽고, 쓰고, 공부하며 인풋을 쌓는다. 더 많이 배우고 싶다면 더 많이 나눠야 한다.

배운 것을 나눠야 진짜 내 것이 돼요.
누군가에게 말해주고, 글로 써보고,

실천해 봐야 삶이 됩니다.

오늘도 용기 내 봐요.

내 안에 쌓인 것들을 밖으로 꺼내기 위해.

타인의 시선과
나를 분리한다

　때로는 사람들로부터 무례한 대접을 받거나 비난을 받는 경우가 있을 것입니다. 그럴 때는 그들 또한 자신의 행동이 옳다고 생각하기 때문에 그렇게 한다는 것을 잊지 말아야 합니다. "흠, 그 사람에게는 내가 그렇게 보였나 보군." 하고 넘어가면 그뿐이니까요.

『에픽테토스의 자유와 행복에 이르는 삶의 기술』, 에픽테토스

　살아가다 보면 누구나 한 번쯤은 예상치 못한 비난이나, 무례한 대접을 받는 순간과 마주한다. 누군가의 평가가 곧 나의 가치가 되고, 그들의 시선이 나를 정의하는 것처럼 느껴진다. 하지만 그건 그들의 관점일 뿐이다. 한 발짝 뒤로 물러나 생각해 보면 알 수 있다. 그 사람 또한 자기 행동이 옳다고 생각하기 때문에 그렇게 한다는 것을.

　우리는 각자의 기준과 경험, 감정 속에서 판단한다. 서로 다른 색깔의 안경을 쓰고 보듯이, 같은 상황에서 다른 모습

을 본다. 때로는 그 과정에서 오해가 생기고, 오랜 시간이 지나야 겨우 풀리기도 한다. 끝내 그 시선이 바뀌지 않을 수도 있고. 그러나 오해와 왜곡된 시선은 내 생각이 아니다. 그와 나를 분리해야 한다. 누군가가 나를 비난한다면 그건 그 사람의 생각일 뿐이다. 그 누구도 나의 마음속까지 들여다볼 수는 없으니까.

내면의 평온함은 타인의 시선을 잠재우는 데서 오지 않는다. 내 안의 기준을 세우는 데서 시작된다. 그래야 외부의 소음에 흔들리지 않고 자신의 길을 나아갈 수 있다. 상대방도 나와 같이 완벽하지 않은 존재라는 것을 인정하는 순간, 불필요한 감정적 소모를 줄이고 마음의 평화를 얻을 수 있다. 이제는 작은 일로 크게 확대하지 않는다. 타인의 판단으로 나를 흔들지 않는다. 에픽테토스의 말처럼 생각해 본다. '그 사람에겐 내가 그렇게 보였나 보군.' 하고.

누군가의 한마디가
하루 종일 마음에 걸린 적 있나요?
그 사람은 벌써 잊었을 말을 곱씹으며 상처받곤 해요.
그럴 땐 기억하세요.
그들도 자신만의 이유로 그렇게 행동한다는 것을.

그의 생각일 뿐, 진실은 아니지요.
타인의 평가가 나의 가치를 결정하지 않습니다.

편지 셋

깨달음

|

정답은 없어도 방법은 있더라

'이게 맞는 길일까?' 답이 보이지 않을 때는 막막하지요.
누구에게 물어도 똑 떨어지는 정답은 없더라고요.
삶은 시험지가 아니잖아요. 틀려도 괜찮고 돌아가도 괜찮아요.
그 길 위에서 더 단단해져 가니까요.

일단 초벌로
완성해 보기

우리에게 필요한 건 적당한 정도의 엄격함입니다. 단번에 100의 퀄리티를 목표로 하는 게 아니라 우선 30 정도의 퀄리티만 만들겠다고 생각하고 일을 시작하는 겁니다.

『할 일은 많지만 아직도 누워 있는 당신에게』, 이광민

 '이만하면 잘하고 있다'라고 생각하다가도 점점 또 다른 기준이 생겨난다. 이런저런 계획을 정하고 그걸 해내기 위한 루틴을 만들었다. 작게 매일 할 수 있는 양으로 부담 없이 시작했지만, 문제는 자꾸만 더 욕심을 부리게 된다는 것이다. 그럼 또, 제대로 해내지 못한 스스로를 탓하게 되고.
 시간이 지날수록 그 무게에 짓눌려 더 나아가지 못한다. 나름 포부를 갖고 시작했는데, 흐지부지 없던 일이 되고 만다. 잘 해내고 싶다는 마음이 서서히 압박되고, 부담감으로 자꾸만 미루게 된다. 그렇게 기대의 무게는 날개가 아닌 족쇄가 되어 버린다.

초벌에는 놀라운 자유가 있다. 완벽할 필요도, 누구에게 보여줄 필요도 없다. 이런 자유야말로 창조의 시작점이다. 헤밍웨이는 초고는 쓰레기라고 말했다. 그는 처음 쓴 글이 형편없어 보여도 괜찮으니 일단 완성하는 게 중요하다고 조언한다. 그림을 그릴 때도 마찬가지 아닌가. 먼저 밑그림을 그린다. 비율이 맞지 않아도, 선이 비뚤어져도 괜찮다. 그 위에 덧칠하고, 수정하고, 다시 그리면 되니까. 초벌이 있기에 완성할 수 있다.

완벽한 결과에 대한 강박은 오히려 아무것도 하지 못하는 상황을 만든다. 분명 어제의 나보다 성장했지만, 더 잘하고 싶은 마음이 앞선다. 마음을 가다듬어 본다. 일단 초벌로라도 완성해 보자고, 높은 기준으로 나를 힘들게 하지 말자고. 내 기준에 좀 부족하더라도 우선 완성해 본다. 그래야 다음이 있는 거니까. 일이 굴러가기 시작하면 그 자체로 생기는 성장 동력이 우리를 더 나은 결과로 이끈다. 잘해서 시작하는 게 아니라 시작해서 잘하게 되는 거다. 기준을 낮추면 할 수 있다. 일단 30% 정도만 공들여본다. 부족한 70%는 과정에서 조금씩 채워가며.

'잘해야 한다'라는 생각은 잠시 내려두고,
'일단 완성하자'로 바꿔보세요.
막막했던 일이 구체적인 계획으로 바뀌고,
흩어진 생각이 하나로 모이기 시작해요.
결과보다 과정을 믿어보자고요.
움직이는 순간 답이 보입니다.

책과 친해지는
9가지 방법

책의 탑을 쌓아가는 일은 한계의 벽을 부수는 일과 같다. 나를 가로막고 있던 것들을 깨고 부수어야 그 자리에 다시 뭔가를 세울 수 있으니까. 다시, 책이다. 결국, 책이다.

『책 읽기가 필요하지 않은 인생은 없다』, 김애리

새해가 되면 올해는 꼭 책을 읽어보리라 야심 차게 다짐하지만, 처음의 의욕과 비장함은 사라지고 이런저런 핑계만 남는다. 왜 우리의 독서 계획은 빈번히 실패하는 걸까? 문제는 너무 '거창하게' 시작하려 한다는 데 있다. 굳은 의지로 원대한 계획을 세우지만, 이러한 접근은 쉽게 지치고 만다. 책과 친해지는 건 가벼운 산책처럼 접근해야 한다. 작게 시작해야 부담이 없다. 10분 읽기에 실패란 없으니까. 그 짧은 시간이 습관을 만든다. 내가 책과 친해진 과정 9가지를 소개해 보려 한다.

1. 관심을 두고 있거나 좋아하는 분야의 책부터 읽는다.

보통 처음 독서를 시작하면, 어떤 책부터 읽어야 할지 모르겠다고 말한다. 무조건 베스트셀러부터 읽기보다는 나의 관심 안에서 쉽고 재미있는 책부터 찾아본다. 아이와 함께 청소년 소설로 시작해도 좋고, 여행 에세이를 읽어도 좋다. 아이들이 책과 친해지는 과정과 같다. 관심사와 흥미를 따라 재미와 감동을 연결해야 한다.

2. 재미없으면 덮어 버리고 다른 책을 읽어도 된다.

끝까지 다 읽어야만 의미 있는 건 아니다. 처음부터 끝까지 꾸역꾸역 읽느라 흥미를 잃어버리게 된다면 그것이야말로 아쉬운 일이다. 재미없으면 덮어도 괜찮다. 그 순간 나와 맞지 않을 뿐, 언젠가 다시 펼쳤을 땐 전혀 다른 울림으로 다가올지도 모른다. 책에도 타이밍이 있더라.

3. 도서관이랑 친해진다.

무료로 이용할 수 있는 보물창고가 도서관이라고 생각한다. 도서관과 친해진다는 건, 책과 가까워지는 길이자 진짜 나를 만날 수 있는 가장 손쉬운 방법이다. 무심코 집어 든 책 한 권이 지친 하루를 위로 하고, 생각의 지평을 열어준다. 비용 걱정 없이 취향 따라 마음껏 고르고 펼쳐볼 수 있는 곳. 얼마든지 무료로 누릴 수 있는 풍요를 모른다면 나만 손해다.

4. 책 한 권 읽을 때마다 나에게 소소한 선물을 준다.

맛있는 간식이나 향긋한 커피와 함께 책을 읽으면 그 느낌이 좋아서 더 읽고 싶어진다. 책을 즐거움과 연결하면 지속하는 데 도움이 된다. 책 한 권을 다 읽고 나에게 선물해 주면 어떨까. 이를테면 나는 립밤이나 핸드크림, 폰 케이스를 사며 소소하게 즐겼다.

5. 책 읽기 좋은 자신만의 장소, 공간을 만든다.

도서관이나 카페에 가도 좋고, 자신을 위한 책상을 만드는 것도 좋다. 식탁 위를 깨끗하게 치우면 나만의 특별한 공간이 된다. 모두가 잠든 새벽, 나는 키친 테이블 독서를 한다.

6. 읽고 싶은 책을 기록해 둔다.

책을 읽다 보면 저절로 다음 읽을 책이 눈에 들어온다. 평소 눈에 띄는 책이나, 읽고 싶은 책을 기록해 두면, 꼬리에 꼬리를 무는 독서를 할 수 있다. 기록이 쌓여 갈수록 든든해진다.

7. 늘 가방에 책 한 권을 챙긴다.

틈새 독서를 하는 것이다. 틈틈이 책을 읽으면 따로 시간을 내지 않아도 저절로 읽는 습관이 길러진다. 언제나 가방에 책 한 권이 있으면 어디서든 읽을 수 있어서 좋다. 책도 마음도 늘 준비해 둔다.

8. 매일 자기 전에, 혹은 일어나서 한쪽 읽기를 한다.

일단 처음에는 가볍게 시작하는 게 좋다. 한쪽 읽기, 10분 읽기는 언제라도 시도해 볼 수 있다. 재미있고 흥미 있는 책을 한쪽만 읽으면, 감질나서 더 읽고 싶어진다. 별거 아닌 시간과 분량을 시작으로 결국 한 권을 읽게 된다.

9. 변화하고 성장한 사람의 책을 읽고 동기를 강화한다.

지금 나와 비슷한 상황에서 시작한 사람의 이야기는 힘이 된다. 독서를 통해 성장한 사람의 이야기로 확신을 갖게 되고, 나도 꾸준히 읽겠다는 의지가 생긴다.

책과 친해지는 건 결국 자신과 친해지는 과정이다. 나에게 맞는 방법을 찾아 천천히, 작게, 꾸준히 읽는다. 준비하고, 무장하지 말고 지금 작게 시작해 보면 어떨까? 스스로 변화를 느끼면 계속 읽을 수밖에 없다. 책을 좋아하는 사람이 되겠다고 다짐하지 않아도 된다. 조금씩 친해지기만 해도 충분하다. 어느 날 문득, 페이지를 넘기는 자신을 발견하게 되길 바란다. 의무감이 아닌 즐거움으로.

> 핸드폰 대신 책을 들어 보세요.
> 몇 페이지를 읽겠다는 목표는 없어요.
> 그냥 눈이 감길 때까지만.
> 억지로 깨어 있을 필요도 없고,
> 졸리면 그냥 덮으면 돼요.
> 하루의 마지막을 함께 하는 책이
> 나를 다독여주는 자장가가 되고,
> 책을 읽으며 시작하는 아침으로
> 더 풍요로운 날을 맞이합니다.

먼저 내 컵을
가득 채운다

"어린이를 동반하고 탑승하신 손님께서는 본인 먼저 산소마스크를 착용하신 후 아이를 돌봐 주세요." 마찬가지로 아이의 욕구를 잘 충족시켜 주려면, 부모인 우리가 먼저 우리 자신의 욕구를 충족시켜야 합니다.

『아이를 잘 키우는 7가지 퍼즐』, 팜 레오

아이를 양육하는 것이 이렇게 힘든 일인 줄 몰랐다. 엄마의 길이 이리 고되고 어려운 일이란 것을 왜 아무도 알려주지 않았을까? "뱃속에 있을 때가 편한 줄만 알아." 어렴풋이 기억나는 말. 아무도 알려주지 않은 게 아니라 귀담아듣지 않은 것도 같다. 난 무조건 잘할 수 있다는 엄청난 착각과 함께.

사랑스러운 아기를 품에 안을 상상을 하면서 행복했다. 세상에 나온 작고 꼬물꼬물한 이 아기가 내 아이라는 사실에 감동했다. 하지만 현실 속에서 마주한 상황은 모르는 것

편지 셋 깨달음, 정답은 없어도 방법은 있더라

투성이였다. 오롯이 나에게 맡겨진 작고 연약한 존재에 대한 책임감의 무게가 묵직하게 다가왔다. 심적으로, 체력적으로 많은 에너지가 필요했다. 발달 과정마다 미션이 던져졌으니까. 예측하지 못한 일에 셀 수 없이 멘붕이 오곤 했다. 그렇게 나 '이민경'은 점점 사라지고, 누구의 엄마가 되었다.

흔히 부모라면 마땅히 참고 견디며, 자녀의 욕구를 최우선으로 채워야 한다고 생각한다. 물론 아이의 욕구도 중요하다. 하지만 부모 또한 사람이기에 채워져야 할 욕구가 있을 수밖에 없다. 조금은 쉬고 싶은 욕구, 혼자만의 시간을 갖고 싶다는 욕구, 인정받고 존중받고 싶다는 욕구. 이런 욕구가 억눌릴수록 점점 지쳐가고, 결국 아이에게 고스란히 전해진다. 내 컵에 아무것도 없으면 아이의 컵도 채울 수가 없다. 내가 텅 비어 있는데 무엇으로 채울 수 있을까.

일관성 있게 육아하는 게 참 힘들었다. 내 그릇이 작음을 느끼며 스스로를 탓했다. 그러나 멀리 가야 하는 육아 여정에 가장 중요한 것은 엄마의 체력과 멘탈 관리였다.

간혹 친구와 실컷 수다를 떨고 온 날은 더 너그러워졌다. 아이를 잘 돌보려면 우선 엄마 자신을 돌봐야 한다. 엄마의 마음이 편안해야 가정도 편안해진다. 모든 것을 올인한다고 좋은 엄마가 아니었다. 아이를 통해 정서 욕구를 채우려 하지 말자. 나를 위한 행동으로만 채울 수 있다. 매일 한쪽이라도 좋은 문장을 읽고, 틈틈이 10분이라도 운동하며, 예쁜 색 립밤 하나라도 바른다.

지난 시간을 돌아보며 아쉬움이 남는다. 아이에게만 쏟았던 그 에너지를 나에게도 좀 나눴더라면 조금 덜 방전되지 않았을까, 나를 더 사랑할 수 있지 않았을까. 지금이라도 나를 위한 시간을 꼭 갖는다. 충전하고 채워야 아이에게도 줄 수 있다. 내 컵이 가득 차야 아이의 컵도 채울 수 있으니까.

엄마는 24시간 엄마로만 살아야 할까요?
자신을 돌보는 엄마가 아이에게도
더 좋은 에너지를 줄 수 있어요.
죄책감 대신 당당함을 선택합니다.
희생만이 사랑은 아니니까요.

상대방을 변화시키는
유일한 방법

"다른 사람을 솔직하게, 진심으로 인정하고 칭찬하라." 그러면 사람들은 당신의 말을 소중하게 받아들이고, 평생에 걸쳐 그 말을 보물처럼 여기고 반복할 것이다. 당신이 그 말을 잊은 다음에도 몇 년씩이나 반복할 것이다.

『데일 카네기 인간관계론』, 데일 카네기

"사람은 단점을 지적해서 바뀌지 않아요. 장점을 칭찬해야 바뀌지. 어떤 사람을 만나느냐가 중요할 수도 있지만, 내가 어떻게 준비되어 있냐가 훨씬 더 중요해요. 그러니까 내가 장점을 바라볼 준비가 돼 있느냐, 이게 더 중요한 거죠." 얼마 전 지누션의 '션'이 자신의 유튜브 채널 <션과 함께>에서 한 말이다. 우리가 누군가를 어떻게 대하느냐는 그 사람의 문제라기보다 내가 그를 어떻게 바라보고 있느냐에 달려 있다는 말이다. 상대를 바꾸고자 하는 마음이라면 그에 앞서 자신의 시선을 먼저 바꿔야 한다.

타인을 바라보는 시선은 단순한 관점이 아니라, 상대방의 행동과 태도를 실제로 변화시키는 힘을 가지고 있다. 누군가의 실수나 부족함 뒤에 있는 노력과 성장 가능성을 본다. 상대가 자신의 가능성을 믿고 좋은 면을 보려 한다는 것을 느끼게 되면 실제로 더 나은 모습을 보이고자 노력하게 된다. 나를 비춰 봐도 그랬다. 장점을 바라봐 주고 인정해 주는 사람 앞에서는 더 잘하려고 노력했으니까. 실수를 탓하며 단점을 지적하는 상황에서는 점점 주눅 들거나 괜한 반발심에 더 어긋나게 되고.

 상대는 내 거울이다. 누군가의 안 좋은 면을 생각하며 깎아내릴수록 결국 그런 모습만 보게 된다. 모든 사람에게 배울 점이 있다고 생각하니 좋은 면에 더 집중할 수 있었다. 이런 시선이 바로 건강한 인간관계를 유지하는 방법 아닐까.

세상을 바라보는 시선이 인생을 바꾸기도 하지요.
그 시선으로 삶을 만들어가요.
상대방의 빛나는 부분을 찾아봅니다.
비판은 벽을 쌓지만, 칭찬은 다리를 놓아요.
오늘 누군가에게 진심 어린 칭찬을 건네 보세요.
그 사람의 하루뿐 아니라 내 하루도 달라질 겁니다.

자기 이해 지능은
'나를 알아가는 마음'

자기 분야에서 뛰어난 업적을 남기는 사람들은 각각 해당 분야와 관련되는 지능과 함께 자기 이해 지능이 높다. 어느 1가지 이상의 지능과 함께 반드시 자기 이해 지능이 높아야만 뛰어난 업적을 이룰 수 있게 되는 것이다.

『회복탄력성』, 김주환

자기 이해 지능은 내가 누구인지, 어떤 감정과 생각을 가졌고, 왜 그런 행동을 하는지 등 자신에 대해 제대로 이해하는 능력을 말한다. 스스로를 이해하고 느낄 수 있는 자기성찰 지능이라고도 한다. 우리는 일상을 살아가느라 바쁘다는 핑계로 자주 '나'를 놓치고 살아간다. '지금 나는 괜찮은가?' 한 번씩 질문한다. 이게 바로 자기 이해 지능의 첫걸음이다. 자기 이해 지능은 단순하고도 다정한 능력이다. 감정을 그대로 받아들이고, 내 생각과 행동을 인정하는 힘, 자신을 알아가는 마음이다. 각박한 세상에서 마음 다칠 일이 많은 우리에게 꼭 필요한 지능이 아닐까.

자신을 알고 이해하면 내가 진짜 원하는 것이 무엇인지 알게 된다. 무너지더라도 다시 일어설 힘은 스스로에게 있다. 가끔은 괜찮다고 위로해 주고, 잘하고 있다고 격려해 준다. 나를 향한 따뜻한 마음으로 자신감을 얻고, 제대로 된 방향으로 나아갈 수 있다. 아이들의 공부에서도 마찬가지 아닐까? 나를 잘 알아야 공부도 잘할 수 있다. 공부는 장기전, 정신력 싸움이니까. 하기 싫은 마음을 마주하며 어떤 때 더 싫어지는지, 어떤 과목이 유독 힘든지, 어떤 환경에서 잘 되는지 등 스스로에게 묻고 답하며 맞는 방법을 찾아갈 수 있다. 자신을 이해하는 힘으로 성적이 높을 때는 겸손을, 성적이 낮을 때는 위로를 스스로 건넬 줄 알게 된다.

자기 이해는 나를 제대로 사용할 수 있게 해주는 힘이다. 내가 어떤 리듬으로 살아야 평온한지, 무엇에 기운 빠지고 무엇에서 충전되는지를 알면 삶은 훨씬 유연해진다. 나를 이해하는 공부는 평생 이어진다. 그 공부를 시작한 사람은 언제나 조금 더 단단하고, 조금 더 빛난다.

나를 아는 일은 세상에서 가장 어려운 공부 같아요.
그러나 그 공부가 깊어질수록
삶은 점점 단단해지지요.
자기 이해 지능은
나를 존중하는 마음에서 자랍니다.

나의 경쟁자와
롤모델

저의 경쟁 상대는 어제의 나입니다. 오늘의 나는 어제보다 조금만, 아주 조금만 더 나아지기를 바랍니다. 매일 책을 읽어 어제보다 조금 더 생각이 깊어지기를 바라고, 매일 글을 쓰면서 생각이 더 단단해지기를 바랍니다.

『영어책 한 권 외워봤니?』, 김민식

누구나 한 번쯤은 자신만의 롤모델을 생각해 봤을 것이다. 나도 책 속의 멋진 사람이나 유명한 사람을 보며 생각했었다. 닮고 싶다고, 누구처럼 되고 싶다고. 이제는 조금 다른 방향으로도 보게 되었다. 나의 진짜 경쟁자는 어제의 나, 닮고 싶은 롤모델은 미래의 나라고. 어제의 자신보다 나아지려 노력할수록 더 나은 내가 될 수 있다. 어제의 나는 불안했다. 스스로 초라하다는 생각과 함께 무기력에 허우적댔다. 어제의 그 모습대로 살지 않기 위해 오늘 더 힘을 낸다.

매일 책을 읽고 글을 쓰면서 생각하며 말하고, 용기 있게 행동하게 되었다. 누군가를 따라잡기 위함이 아닌 자신을 뛰어넘기 위해서. 어제의 나를 이겨낸 나는 점점 원하던 모습의 내가 되어간다. 미래의 모습을 상상해 본다. 좋아하는 일을 하며 활기찬 생활을 하고, 꾸준히 운동하며 건강한 삶을 사는 사람. 나와 타인에게 위로가 되고 도움이 되는 글을 쓰는 따뜻한 사람. 다른 사람과의 비교는 스스로를 지치고 힘들게 하지만 내일의 자신과 비교하면 단단한 다짐이 된다. 언젠가 미래의 나와 마주하게 될 그날, 웃으며 말하고 싶다. 오랜 시간 널 닮기 위해 참 열심히 살았다고, 네가 참 자랑스럽다고. 부끄럽지 않은 오늘을 살다 보면 미래의 나와 조금씩 닮아갈 수 있지 않을까. 어제의 자신과 경쟁하며, 미래의 나를 롤모델 삼아.

어제의 나를 원망할 때도 있었지만,
그래도 여기까지 올 수 있게 해준 내가 고마워요.
힘들었던 순간도,
포기하고 싶었던 순간도
모두 소중한 과정이니까요.
미래의 나는 오늘의 나에게 어떤 말을 해줄까요?
문득 궁금해집니다.

엄마라서 더
진심으로 공부한다

부모가 잘 알아야 해요. 그래야 달콤하지만 그른 말과 불안을 조장하는 말을 들었을 때 그 말을 판단할 수 있습니다. 옳은 선택을 하는 것이 가장 중요한 데, 옳은 선택은 공부를 통해 내가 아는 만큼만 가능합니다.

『내 아이를 위한 사교육은 없다』, 김현주

"학교 다닐 때 그렇게 공부했으면 서울대도 갔겠다." 남편과 지인들이 우스갯소리로 말하곤 했다. 책과 담쌓고 살던 사람이 아이 낳고 뒤늦게 읽고, 공부하는 모습이 낯설고 어색했나 보다. 육아는 한번 배워서 끝나는 게 아니었다. 커가는 아이와 함께 끊임없이 공부해야 하는 여정이다. 육아에 정답은 없지만 더 나은 방법은 있지 않은가. 수많은 정보에서 나와 내 아이에게 맞는 방법을 찾아가는 길이다. 엄마가 공부해야 자신만의 원칙을 세우고 흔들림 없이 나아갈 수 있다.

공부는 나를 지키는 일이었다. 책을 읽고, 새로운 것을 배우며, 생각을 확장하는 동안 나는 누군가의 엄마이기 이전에 '나' 자신으로 존재한다. 그 중심이 단단할 때 우리는 비로소 흔들리지 않을 수 있다. 어느 날 아이들의 모습에서 내가 보였다. 아이가 클수록 마음이 불편해졌다. 내가 아이 눈에 어떻게 보일까 두려워졌다. 나부터 달라져야겠다고 마음먹었다. 공부하라는 잔소리 대신, 공부하는 엄마의 뒷모습을 보여주기로. 아이들은 말보다 행동을 보고 배우니까. 책상 앞에 앉은 엄마, 새로운 도전을 두려워하지 않는 엄마, 배움 앞에서 겸손한 엄마의 모습을 보여줌으로써 아이로 하여금, 배움은 평생 가는 여정이라는 걸 가르쳐줄 수 있지 않을까.

아이가 살아가야 할 미래는 지금과는 많이 다른 모습이 될 거라고 한다. 빠르게 변화하는 세상에 뒤처지지 않고 함께 나아가는 방법을 모색해야 하는 이유다. 완벽하게 대비하기 위해 공부하는 게 아니라 더 나은 방향으로 가기 위해서다. 아직도 갈 길이 멀다. 여전히 실수를 반복하며 시행착오를 겪고 있다. 지금도 모르는 게 너무 많지만, 이제는 불안하지 않다. 꾸준히 공부해 왔고, 앞으로도 계속할 거니까. 아이를 위해 공부하기 시작했지만 결국 나를 위한 공부가

되었다.

소신 있는 육아를 하기 위해서는
엄마도 공부해야겠더라고요.
그래야 넘쳐나는 정보의 홍수 속에서
중심을 잡을 수 있어요.
오늘도 아이를 위해, 나를 위해 읽고 배웁니다.
이제는 과잉 정보에 흔들리지 않아요.
매일 읽고 쓰며 공부하는 엄마니까요.

나에게 건네는
물음표

나만의 뾰족한 것은 대체 어디에 있는지 감이 잡히지 않을 때, 내가 가는 길이 맞는지 확신할 수 없을 때, 내 안에서 나온 질문은 마치 나도 몰랐던 방향타인 것 같아 든든해진다.

『질문 있는 사람』, 이승희

나에게는 질문이 익숙지 않다. 누군가에게 받는 질문도 부담스러웠지만 상대에게 질문해야 하는 상황도 피하고만 싶었다. 학부모회나 부모 교육 강연에 가서도 앞쪽 줄은 피해서 앉았다. 중간중간 건네 오는 질문과 시선을 피하고 싶어서였다. 궁금한 점이 있어도 꾹 참는다. 머릿속에 맴도는 생각이 있어도 입을 꾹 다물었다. 누군가 대신 질문해 주길 바랄 뿐이다. 생각만으로도 심장이 요동쳤다. 자신 있게 질문하는 사람들이 신기하고 부러웠다. 대신 물어봐 줘서 고맙기도 했고. 그런 내가 참 싫었지만, 성향의 문제라는 핑계로 덮어 버리곤 했다. 싫지만 어쩔 수 없는 내 모습으로.

책을 읽고 나에게 질문을 해보며 깨달았다. 누군가에게 건네는 질문만 어려운 게 아니라는 걸. 스스로에게도 마찬가지였으니까. 나는 나에 대해 아무것도 모르고 있었다. 질문을 못 하는 건 성향의 문제만은 아니었다. 나의 무지를 들킬까 봐 두려웠다. 잘 모르기 때문에 더 긴장되고 어려웠던 거였다.

나에게만이라도 자신 있게 질문해 보기로 했다. 틈틈이 고민하고 물었다. 적극적으로 삶을 개선하려는 내 의지였다. 어떤 사람이 되고 싶은지, 어떤 삶을 살고 싶은지, 생소한 질문들로 내가 몰랐던 감정과 생각을 더 깊이 이해하게 되었고, 명확한 꿈과 목표를 그릴 수 있었다. 미래를 위한 계획도 세울 수 있었다. 때로는 그 물음표가 아프게 할 수도 있다. 외면해 온 나를 마주해야 하고, 인정하기 어려운 진실과도 마주쳐야 한다. 하지만 그 통과의 과정이야말로 성장의 본질 아닐까.

자신에게 건네는 물음표를 습관으로 만들면 꾸준한 성장을 하게 된다. 스스로를 개선해 나가며 지속적인 발전을 도모할 수 있다. 하루를 기록하며 하나씩 질문해 본다. '내가 요즘 가장 관심 있는 건 뭐지?', '무엇을 성취하고 싶은 걸까?', '내가 할 수 있는 부분은 무엇일까?', '어떻게 하면 더 나은 사람이 될 수 있을까?'와 같은. 바로 답할 수 없어도 괜찮다. 묻는다는 건 이미 깨어 있다는 증거니까.

의식하지 못한 감정에 이름을 붙이고, 무심히 지나친 생각에 빛을 비춘다. 그때 비로소 나다운 길을 선택할 수 있다. 자신에게 묻는 사람은 결국 성장한다.

길을 잃었다고 생각했는데
사실은 새로운 길에 들어선 거였어요.
확신이 없어서 불안했지만,
그 불안함이 나를 더 섬세하게 만들어 주었죠.
내 안에서 나온 질문들이
결국 나만의 지도가 되어주었습니다.

더 대담하게
살기로 했다

진짜 중요한 사람은 실제로 경기장에서 뛰는 투사다. 최상의 경우 그들은 승리의 기쁨을 맛본다. 하지만 최악의 경우 패배하더라도 적어도 대담하게 싸우다가 지는 것이다. 그래서 그들의 자리는 승리나 패배를 전혀 모르는 겁쟁이들의 자리와 다르다.

『퓨처 셀프』, 벤저민 하디

대담함과는 거리가 먼 삶을 살았다. 늘 망설이던 소극적인 내가 익숙하다. 낮은 자존감에 주변 사람 눈치를 보느라 전전긍긍하던 모습. 싫다고 말하는 게 어려웠다. 슬그머니 대세를 따르는 게 당장은 더 편했으니까. 늘 타인의 인정을 바라고 남의 시선에 맞춰 살아가다 보니 점점 내가 없어졌다. 싫은 것을 싫다고 말할 수 있는 솔직함도 중요하다. 자신을 바로 세워야 관계도 바로 서는 거였다.

이제는 진정한 나로 살아간다. 경기장 안에서 노력하고

시도하기 위해서는 두려움에 맞서는 용기가 필요하다. 직접 도전하고, 실패하고, 다시 시도해 가며 배우는 중이다. 경기장 밖에서는 알 수 없다. 두려워서 행동하지 못하면 실패도 없겠지만 성공 또한 먼 이야기가 되지 않을까. 소심한 겁쟁이에서 벗어나 대담하게 행동하는 사람으로 살아가기로 했다.

누구나 인생의 경기장 밖에서는 용감하다. 말로는 할 수 있을 것 같고, 머리로는 이미 이겼다. 그러나 성장은 늘 경기장 안에서만 일어난다. 관전하는 삶은 안전하지만 진짜 실력은 경기장에서 드러난다.

나는 읽고, 쓰고, 행동하는 엄마다. 어제와 다른 모습으로 살고 싶어서 변화하고 성장하기 위해 노력한다. 내 생각을 표현하며 살고 싶어서 매일 글을 쓰고, 매해 책을 쓰기로 다짐했다. 대담하게 상상하고 꿈꾼다. 그리고 대담하게 실행한다. 자존감 바닥이었던 우물 안 집순이 엄마도 해낼 수 있다는 걸 보여주고 싶다. 넘어져도 다시 한번 더 해본다. 더 대담하게!

두려움의 문턱을 넘는 그 순간 인생은 다른 얼굴을 보여준다. 밖에서 바라보는 사람으로 살 것인가, 안에서 부딪히며 배우는 사람으로 살 것인가.

실패가 두렵지 않은 사람이 있을까요?
그 두려움을 무릅쓰고 한 걸음 내딛는 거죠.
넘어져 본 사람만이 일어서는 방법도 배웁니다.
대담하게 다시 도전하는 사람만이 끝내 성취하고요.
이젠 관중이 아닌 주인공의 삶을 살기로 했습니다.

논쟁에서 이기는
방법은 단 하나

논쟁에서 이기는 방법은 세상에 단 하나밖에 없다. 바로 논쟁을 피하는 것이다. 방울뱀을 피하듯, 지진을 피하듯 논쟁을 피하라. 논쟁이 끝날 때, 논쟁을 벌이던 사람 중 열에 아홉은 자신이 절대 옳다는 확신을 더욱 굳힌 상태가 된다. 논쟁은 이길 수 없다.

『데일 카네기 인간관계론』, 데일 카네기

논쟁은 결국 '자신이 옳다'는 걸 증명하기 위한 싸움이었다. 내 말이 맞다는 걸 보여주고 싶고, 상대의 생각이 틀렸음을 설득하고 싶었다. 사람은 누구나 자기 생각에 애착을 가진다. 그래서 반박은 상대방의 자존심을 종종 건드린다.

신혼 초엔 많이 다퉜다. 여느 부부와 마찬가지로 서로 다른 둘이 만나 맞춰 가려니 여간 힘든 게 아니었다. 논쟁을 피할 수 없더라. 그 중심에는 상대를 바꾸겠다는 마음이 있었다. 그러나 생각과 행동은 논쟁을 통해 바뀌지 않았다. 오히려 반박당할수록 그 안에 갇혀버렸고, 서로 방어하기에

급급했다.

논쟁이 격화될수록 자존심이 앞선다. 내가 틀렸다는 걸 인정하는 순간, 마치 나의 정체성 전체가 부정당하는 것처럼 느껴지기 때문이다. 아이러니하게도 논쟁에서 이긴 사람조차 진정한 만족을 얻지 못한다. 상대가 억지로 굴복했다는 것을 알기 때문이다. 논쟁에서는 이겼지만 관계에서는 진 것이다. 결국 이기지 않는 승리, 상처만 가득한 승리였다.

내 말이 옳다는 걸 증명하기 위해 논쟁을 벌이다 보면 감정에 공감할 수 있는 여유는 없다. 그러나 논쟁보다 더 강한 힘은 공감이었다. 조금이라도 그 마음을 헤아리려 노력했을 때 큰 싸움이 될 뻔한 일도 가볍게 넘어갈 수 있었다. 논쟁은 머리를 움직이지만, 공감은 마음을 움직인다.

피하는 게 지는 거라고 생각했다. 그러나 그건 맞서지 않는 용기, 기다리는 지혜였다. 어느 정도 시간을 두고 대화를 시도하니 조금 더 유연해졌다. '이런 측면도 있는 것 같다.', '그럴 수도 있겠다.'라는 생각이 대화를 이어가게 해줬다. 진정한 설득이나 이해의 변화 없이는 의미가 없다. 이제는 서로 다툼이 될 만한 지점을 알고 피할 줄 안다. 우리 부부가 잘 싸우지 않게 된 비결이다. 침묵 속에서 생각이 정리되고, 감정은 가라앉으며 관계는 천천히 회복된다. 논쟁에서 물러났다고 진 게 아니다. 그건 오히려 나 자신을 지킨 승리다.

진정한 승리는 상대를 꺾는 데 있지 않았어요.
상처만 가득한 승리일 뿐이지요.
지혜롭게 이기는 방법은 피할 줄 아는 겁니다.
때로는 한발 물러서는 용기가
앞으로 나아가는 것보다 더 큰 힘이 되기도 하니까요.

느리게 가더라도
디테일하게

제아무리 최단 거리로 가려고 해도 우선 오늘 하루를 살아내지 않으면 내일은 오지 않는다. 목표 지점까지 일사천리로 도달하는 방법이란 존재하지 않는다.

『어떻게 살아야 하는가』, 이나모리 가즈오

나는 좀 느리다. 한꺼번에 처리하기 버거울 때면 체념하듯 그냥 하나씩 느리게 한다. 그럼, 뭐 하나라도 해결된 게 있었다. 느리게 가더라도 목적지는 정해져야 한다. 큰 계획이 아니더라도 괜찮다. 나는 무엇을 소중히 여기는지, 지금 감정은 어떤지 차근차근 적어본다. 그 모든 것들이 조금씩 연결되며 희미했던 길을 밝혀주고 안내한다. 중요한 것은 '내가 어디로 가고 있는가'를 아는 것이다. 목적지가 있다는 것은 단순히 도착점을 정하는 게 아니다. 그것은 내 걸음에 의미를 부여하는 일이다.

목적지 없이 걷는 사람은 아무리 빨리 달려도 제자리를 맴돈다. 반대로 도착할 곳을 아는 사람은 천천히 가더라도 매 걸음이 쌓인다. 오늘의 한 걸음이 내일의 두 걸음이 되고, 한 달의 작은 진전이 1년의 큰 변화가 된다. 언제든 하면 된다는 말은 하지 않겠다는 말과 같은 말이다. 시간을 정해야 일이 움직이더라. 그래서 나는 느리더라도 매일 다음 걸음을 조금씩 계획한다.

매일 30분씩 책을 읽겠다는 작은 계획으로 1년 후 열 권의 책을 읽게 된다. 하루에 한 문단씩 쓰겠다는 소박한 다짐으로 한 권의 원고가 완성된다. 작가가 되고 싶다는 꿈은 아름답지만 '오늘 무엇을 쓸 것인가'라는 질문 없이는 영원히 꿈으로만 남는다. 디테일한 계획은 흔들릴 때 붙잡는 닻이고, 느린 걸음은 자신을 더 잘 알아가는 시간이다. 내가 가고자 하는 곳을 명확히 하는 순간 비로소 우리의 발걸음은 의미가 있다.

느리게 가더라도 방향은 정해야죠.
목적지 없는 발걸음은 제자리걸음과 같습니다.
천천히 가더라도 정해진 곳으로
향하는 사람만이 도착해요.

서두르지 않아야겠지만,
길을 잃어서도 안 되겠지요.

내 삶을
바꿔준 문장

로마를 통치했던 위대한 '마르쿠스 아우렐리우스'는 한 문장으로 정리했다. 우리의 운명을 결정할 그 문장은 바로 이것이다. "우리의 삶은 우리의 생각대로 만들어진다."

『데일 카네기 자기관리론』, 데일 카네기

'데일 카네기'는 '마르쿠스 아우렐리우스'의 "우리의 삶은 우리의 생각대로 만들어진다."라는 한 문장으로 생각의 중요함을 깨닫고, 삶을 바꿀 수 있었다고 말했다. 마음에 닿는 문장은 힘이 있다. 단 한 줄만으로도 큰 인사이트를 얻고 다른 삶을 살게 되기도 하니까. 나에게도 삶을 바꿔준 문장 2가지가 있다. 첫 번째 문장은 아이와의 삶에 빛이 되어주었고, 두 번째는 내 삶의 방향을 바꿔준 계기가 되었다.

"아이의 눈빛을 읽으며 아이의 행동이 어떤 의미를 갖는지 이해하고 사랑과 배려로 키운다면, 다른 사람을 배려하는 따스한 마음을 가진 행복한 영재로 성장한다."

푸름이 아빠로 유명했던 '최희수'님의 『배려 깊은 사랑이 행복한 영재를 만든다』에서 읽었던 문장이다. 아이의 발달을 이해하며 적절한 자극을 주고, 사랑과 배려로 키우는 것을 강조한다. 자연을 무대로 책과 함께 키우면 지성과 감성이 조화로운 아이로 성장한다고. 이 책을 처음 읽었던 2007년쯤, 아픈 아이를 키우고 있었다. 선천성 심장병으로 여러 번 수술했던 아이는 어린이집도, 유치원도 다닐 수 없었기에 마음이 참 무겁고 슬펐다. 그때 만난 이 책의 한 문장이 나에게 빛으로 다가왔다. 집에서도 얼마든지 사랑과 함께 지적 자극을 주며 잘 키울 수 있다고 생각하니, 자신감이 생기고 희망이 보였다. 외출에 제한이 많았던 그 시절, 책을 통해 세상을 보여줄 수 있었다. 결국 아이를 떠나보내고, 깊은 상실감에 힘든 시간을 보낼 때도 그 힘으로 이겨낼 수 있었다. 나의 교육관에 큰 영향을 준 문장이다.

"독서를 통해 생각을 변화시키고, 행동을 바꾸고, 자신이 품었던 꿈을 현실로 만들어낸다."

권수를 채우는 독서, 단순히 글자를 읽어내는 수박 겉핥기식 독서, 지식만을 쌓기 위한 독서가 아닌 생각하고 실천하는 독서를 강조하는 문장이다. 이 책을 읽기 전에는 육아서만 읽었다. 모든 관심이 육아에 있었으니까. 그러나 정말 운명처럼 만난 한 문장을 시작으로 '나를 위한 책'을 읽게 되었다.

두근두근 설렜고, 뜨거운 열정이 샘솟았다. 그동안 육아서를 읽으며 아이를 키워왔듯이 이제는 나를 키우는 마음으로 읽어야겠다고 생각했다. 이후로 지금까지 매일 책을 읽는다. 내게 닿은 문장이 운명처럼 느껴졌다. 어쩌면 우연이 아닌 필연이 아니었을까. 내가 읽을 수밖에 없던 책인 것처럼. 중요한 건 그 문장을 얼마나 깊이 받아들이고, 일상에서 실천하느냐의 문제다. 나에게 그 문장은 단순한 조언이 아닌, 매일 아침 나를 깨우는 알람이자, 삶의 나침반이 되었다. 단순한 문장 하나로도 삶을 바꿀 수 있다.

오늘도 나를 찾아온 한 줄,
한 문장이 나를 깨워줍니다.
내가 가장 필요한 순간에 찾아온
운명 같은 문장이에요.
여러분의 인생 책은 무엇인가요?
당신의 손을 따뜻하게 잡아줄
한 문장을 꼭 만나시길 바랍니다.

정답은 없어도
방법은 있더라

인생에 정답을 찾지 마시길, 정답을 만들어 가시길. 내일을 꿈꾸지 마시길, 충실한 오늘이 곧 내일이니.

『여덟 단어』, 박웅현

인생에 정답은 없다. 삶의 답은 제각각일 수밖에 없기에. '하나의 공식처럼 정확한 답이 있다면 얼마나 좋을까?'라고 생각했다. 하지만 그건 좀 아찔한 생각이었다. 저마다의 다양한 인생을 정해진 답대로 산다고 생각하니 벌써 갑갑해진다.

편하기는 할 것 같다. 하지만 인생이 그리 간단하던가. 정답을 몰라 헤매는 과정에서 배우고 깨달으며 방법을 찾아간다. 다른 사람들의 삶을 엿보며 힌트를 얻는다. 나와 비슷한 고민과 어려움을 극복한 이야기에 공감하며 조금 덜 힘든 방법을 생각해 볼 수 있었다. 정답은 없어도 방법은 있을 테니까.

육아가 그랬다. 초행길에 갈팡질팡하듯 잘못 들어선 길에서 헤맸다. 누가 정답 좀 알려주면 좋겠다고 생각했다. 아이의 발달 과정마다 던져지는 미션에 정신을 못 차리겠더라. 누구나 처음 해보는 일은 어렵다. 방황할 수밖에 없고. 그 길에서 찾아가며, 과정에서 답을 만들어 가면 되는 거였다. 막다른 골목을 마주할 때나, 지치고 방전될 때마다 육아서를 읽었다. 취할 건 취하고, 버릴 건 버려가며 나만의 육아 방법을 찾아갔듯이 삶의 고민을 마주할 때마다 책을 읽고 고민하며 나의 길을 찾아갔다. 아이를 키워 온 과정, 나답게 살기 위해 노력해 가는 과정 모두가 힌트였다. 정답은 없지만 각자만의 다양한 방법은 얼마든지 있다.

삶은 연산 문제가 아니다. 각자의 손끝에서 새롭게 쓰이는 서술형 문제다. 틀려도 괜찮고 돌아가도 괜찮은 답. 내게 맞는 답을 찾아간다.

'이게 맞는 길일까?'
답이 보이지 않을 때는 막막하지요.
누구에게 물어도 똑 떨어지는 정답은 없더라고요.
삶은 시험지가 아니잖아요.
틀려도 괜찮고 돌아가도 괜찮아요.
그 길 위에서 더 단단해져 가니까요.

후회 없는 육아,
실수 없는 사랑

후회는 과거로의 회귀를 위한 뒷걸음을 위해서가 아니라 미래를 향해 새로운 발걸음을 내딛기 위한 것이다.

『그대 늙어가는 것이 아니라 익어가는 것이다』, 오평선

후회 없는 선택은 없다고 생각한다. 그러나 육아만큼은 정말 후회하고 싶지 않았다. 매 순간 늘 고민하고 노력하지만 돌아보면 후회되는 일들이 가득하다. 시간이 지날수록 '내가 왜 그랬을까?' 싶은 순간들이 나를 붙잡았다. 작은 일에도 쉽게 화를 냈던 나, 피곤하다는 이유로 들어주지 않았던 아이의 말들. 그냥 한 번 더 보듬어줄걸, 조금 더 하게 해줄걸. 내가 지치고 힘들면 여지없이 흔들렸다. 내가 내뱉은 '화'라는 감정은 가장 약하고 만만한 아이에게로 흘러가 버렸다.

아이가 물을 쏟았다. 그저 그뿐인데 내 안에서 뜨거운 무

언가가 올라왔다. "아, 또 쏟았어?" 결국 날카로운 목소리로 감정을 쏟아냈다. 그러나 또 어떤 날은 괜찮았다. 다음부터는 조심하자는 말 한마디로 끝난다. 조용히 흘린 물을 닦을 수 있었다. 마음이 요동치지 않았다. 왜 그랬을까? 바로 내 문제였기 때문이다. 내가 지쳐있었고, 예민해 있었기 때문이었다.

그때 나는 참 예민했다. 잠도 잘 못 자고, 밥 먹을 시간도 없이 화장실 가는 것조차 내 마음대로 되지 않던 날들. 자유롭게 먹고, 영화 보고, 친구를 만나던 내가 사라지고 아무렇게나 질끈 묶은 머리로 초라한 모습의 낯선 내가 되어있는 느낌이었다. 물을 쏟은 아이에게 화를 낸 건 흘린 물이 문제가 아니었다. 내 마음이 도와달라고 힘들다고 소리치는 거였다. 이젠 안다. 그건 내가 나쁜 엄마라서가 아니라 좋은 엄마가 되기 위해 너무 애쓰는 중이었기 때문이다.

그땐 나도 지치고 힘들었다. 그 안에서 최선을 다했지만 그래도 후회가 남는다. 아이를 사랑하는 만큼 후회도 더 큰 게 아닐까. 잘하고 싶고, 더 잘해주고 싶었기에 남는 마음이니까.

지금의 노력이 아이에게 가장 좋은 것인지는 언제나 알 수 없다. 지나야 알게 되는 것들. 그래서 후회가 남는 거겠지. 오늘도 분투 중이다. 큰아이에게 나는 여전히 초보 엄마다. 아이가 성장하며 처음 맞닥뜨리는 순간들 앞에 또다시 서툴게 고민하며 선택한다. 예전처럼 손을 잡아주는 대신 가만히 곁에 서 있는 일이 더 중요해졌고, 잔소리보다 침묵이, 조언보다 기다림이 더 큰 사랑이라는 걸 조금씩 배우고 있다.

이제는 실수했다고 말하지 않고 배웠다고 말하련다. 모든 실수에는 다음을 위한 힌트가 숨어 있고, 결국 더 나은 방법을 배우게 되니까. 후회 있는 육아였지만, 내 진심만은 아이에게 닿을 수 있으리라 믿는다. 후회는 하지만 나를 비난하지는 않는다.

나는 충분히 잘해왔고, 잘하고 있고, 더 잘해 나갈 수 있다고 믿으니까.

아이와의 하루는 너무 바쁘고, 여유가 없지요.
참 길고 힘든 시간이었지만
이젠 그 시간이 그립기도 해요.
그 후회마저도 사랑이라는 걸
이제야 알게 되었습니다.

나의 무지를
깨달아야 성장한다

안다고 생각하는 사람은 눈은 있지만, 앞을 볼 수가 없다. 하지만 모른다고 생각하는 사람은 가장 치열하게 보게 된다.

『내 언어의 한계는 내 세계의 한계이다』, 김종원

우리는 머리로만 아는 것을 다 안다고 착각한다. 그러나 실제로 해보지 않으면 안다고 할 수 없다. 얼마든지 할 수 있을 것 같은 일도 막상 해보면 쉽지 않은 일임을 깨닫게 된다. 알면서도 못 하는 것은 모르는 것이다. 그걸 안다고 생각하기에 발전할 수 없다. 모른다고 인정하는 것이 출발점이 된다. 나를 지켜왔던 확신들이 하나둘 흔들리는 순간 내가 옳다고 믿었던 것들이 정말 옳은 것인지, 내가 아는 것들이 진짜 아는 것인지 의문이 들었다. 잘 모른다고 생각하니 이상하게도 묘한 해방감을 느꼈다. 장 자크 루소도 말했다 "다 안다고 착각하지 마라! 무지로 인해 길을 헤매는 경우는 없다. 그저 안다고 믿기 때문에 길을 잃을 뿐이다."라고.

독서에서도 가장 중요한 단계이자 첫 난관이 나의 무지를 깨닫는 것이다. 더 이상 생각 없이 살고 싶지 않았다. 몰라서 더 치열하게 읽었다. 스스로 한계를 인정했기에 몰입할 수 있었다. 새벽에 일어나 나를 위한 시간을 갖고, 아이들이 등교하면 도서관으로 갔다. 시간이 날 때마다 늘 책을 읽었다. 가득 찬 컵에는 더 이상 물을 부을 수 없지 않은가. 컵이 비어 있다는 걸 인정하고 나서야 비로소 더 채울 수 있었다. 이미 알고 있다는 생각으로는 앞으로 나아갈 수 없다. 다 안다는 착각이 뻔하고 재미없게 만든다. 언제나 잘 모른다는 마음으로 시작하면 새로움으로 다가온다.

이제 모른다고 부끄러워하지 않는다. 오히려 다행으로 여긴다. 더 성장하고 배울 수 있으니까.

어제의 확신이 오늘은 통하지 않아요.
어제의 마침표가 오늘은 물음표로 변했어요.
내가 모른다는 걸 인정해야
여백이 생기고 채울 수 있습니다.
완벽한 척 찍은 마침표보다 솔직한 물음표가
더 멀리 데려가 줍니다.

조금 더 수월하게
육아하는 비결

아이와 부모 사이의 무조건적인 결속력은 부모의 희생에서 나오는 것이 아니라, 애정 어린 보살핌을 받고 싶어 하는 아이의 성장 욕구에 부모가 기쁘게 응답할 때 비로소 생겨난다.

『스마트 러브』, 윌리엄 J. 피퍼, 마사 하이네만 피퍼

육아서를 읽으며 고개를 끄덕이고 이번엔 나도 꼭 달라지겠노라 굳게 마음먹곤 했다. 책 속의 지혜로운 엄마의 모습을 보며 더 좋은 엄마가 될 수 있을 것만 같았다. 하지만 현실은 많이 달랐다. 책을 덮고 아이를 마주하며, 비슷하게라도 따라가려 노력했다. 그러나 며칠 지나지 않아 다시 원점으로 돌아가 후회를 반복했다. 나는 여전히 서툴고 부족한 사람이었다. 왜 나는 그들처럼 못할까? 모성애가 부족한 엄마일까? 어째서 이 모양일까.

육아서는 분명 좋은 이론과 방법을 담고 있다. 머리로는

이해하지만, 현실에서는 흔들렸다. 내가 왜 그렇게 더 힘들었는지 알 것 같다. 육아서를 읽으며 기준은 계속 높아지는데 정작 나는 준비 되어있지 않았다. 스스로를 다루는 것이 우선이었다. 육아의 핵심은 아이를 다루는 기술이 아니라, 나를 다루는 능력이다. 내가 불안하고 지쳐있었기에 육아서 속 좋은 이론과 방법을 내 것으로 만들기까지가 더 힘겨웠던 거였다. 육아서보다 먼저 읽어야 할 책은 나 자신을 위한 책이다. 내가 먼저 커야 아이도 잘 키울 수 있는 거였다.

조금 더 수월하게 육아하는 비결은 그맘때 다 읽는 육아서 한두 권이 아니라 자기계발서나 심리서, 철학 책, 마음에 와닿는 시 한 구절 등 자신을 키우고 마음을 다스리는 책에 숨어 있었다. 아이를 잘 키운다는 건 결국 '나'를 다루는 법을 배우는 과정이었다. 이론보다 더 중요한 것은 내 삶에 비추어 성찰하는 시간이다. 머리로 이해한 것을 마음으로 충분히 소화할 수 있을 때, 제대로 실천할 수 있는 것이다.

육아서와 더불어 내 책도 읽어보면 어떨까? 아니, 자신을 위한 책을 먼저 읽으라고 권하고 싶다. 육아는 단순히 아이를 키우는 게 아니라 매일의 성찰이자 자기 훈련이기에. 나를 다루는 법을 깨달아야 쉽게 갈 수 있는 길이다.

아이 앞에서 화가 날 때는, 잠시 멈추고 물어봤어요.
지금 내가 화내는 이유가 정말 아이 때문인지 말이죠.
대부분 내 안의 피로와 스트레스가 원인이었어요.
아이는 그저 방아쇠였을 뿐이죠.
아이를 잘 키우기 위해
가장 필요한 건 나를 돌보는 것이었습니다.

편지 넷

나눔

―

온기 있는 문장을 나누고 싶어

> 있는 그대로의 내 이야기를 담담히 써 내려가면 된다고 생각하니
> 마음이 편안해졌어요. 잘 써야 한다는 부담감을 내려놓으니
> 오히려 더 자연스러운 글이 됩니다. 글은 마음을 담는 그릇이에요.
> 예쁘게 꾸미려 하기보다는 진심 가득 따뜻하게 전해 봅니다.

첫술에
배부르고 싶었나 보다

대개 어린나무는 커다란 엄마 나무의 우거진 나무들이 만든 그늘에서 수십 년을 보낸다. 햇빛을 적게 받으므로 천천히 자란다. 천천히 자라기 때문에 밀도 높고 단단한 나무가 된다.

『불변의 법칙』, 모건 하우절

'첫술에 배부르랴.' 어떤 일이든지 처음부터 단번에 만족할 수는 없다는 말이다. 내가 쌓은 것들이 모여 결실을 보게 되고, 그런 노력이 쌓이면 더 훗날의 나를 기대할 수 있다. 그렇게 두 술, 세 술, 더 떠야 비로소 포만감을 느낄 수 있을 것이다.

천천히 꼭꼭 씹어야 소화가 잘된다. 첫술에 꿀꺽 삼켜버리고 더 빨리, 더 많이 먹으려 하면 결국 체하기 마련이니까. 서두르면 망치는 법. 그러나 나는 첫술에 배부르고 싶었나 보다. 단번에 쉽게 잘되고 싶었나 보다. 첫술도 제대로 뜨지 않고 배부르길 바랐다.

열심히 책을 쓰는 동안 어렵고 힘들었지만, 오히려 그때가 더 행복했다. 출간될 날을 상상하며 설렜다. 내 책이 출간되면 마냥 행복하고 좋을 줄만 알았다. 그러나 왜 텅 빈 마음이 드는 걸까? 첫 책은 그저 경험이다. 하지만 한편으로는 기대도 했기에 실망도 컸다. 이제 겨우 한술 떴을 뿐이라며 나를 위로 해본다. 괜찮다고, 처음은 누구나 어설픈 거라고.

노력하면 금세 결과가 따라올 줄 알았다. 하지만 세상은 그렇게 간단하지 않았다. 내가 할 수 있는 것은 과정을 즐기며 묵묵히 계속 쓰는 것이다. 처음보다는 두 번째가, 두 번째보다는 세 번째가 더 낫지 않을까. 계속 쓰다 보면 어느 순간 배부르게 먹을 날도 오겠지. 누군가와 비교하는 마음으로 빨리 가려고 욕심부리지 않는다. 무리하게 속도를 내지 않으려고 노력한다. 나는 천천히 밀도 높은 나무가 되어가는 중이니까. 내가 할 수 있는 건 꾸준히 쓰는 것, 다시 도전을 하는 것이다.

몸에 좋은 음식도 급하게 먹으면 체하죠.
좋은 기회도 서두르면 놓칠 수 있고요.
단번에 쉽게 잘되고 싶었나 봐요.

하지만 인생이 그렇지 않잖아요.
천천히 먹으며 깊은 맛을 느끼듯
느리게 음미하며 배워갑니다.

짧고 간결하게
쓰는 글

좋은 문장을 쓰는 방법은 무엇인가. 첫째, 단문으로 쓰는 것이다. 잘 쓴 문장의 기본 조건은 좋은 내용과 쉬운 이해다.

『강원국의 글쓰기』, 강원국

문장이 수려하고 화려한 글이어야 좋은 글이라고 생각했다. 하지만 책을 쓰면서 알게 되었다. 짧고 간결하게 표현하는 글도 좋은 글이라는 것을. 독자를 생각하며 쓰는 글의 가장 중요한 시작은 '짧게 쓰기'다. 글이 길어지면 문장도 길어질 확률이 높다. 긴 문장은 긴 호흡이 필요하다. 따라서 독자가 피로감을 느끼기 쉽다.

단문으로 쓰면 문법에 어긋날 확률이 낮다. 단순하게 써야 이해하기 쉽다. 문장이 길어지면 더 쪼개고 나눌 수 없는지 생각했다. 생략할 부사는 없는지, 중복되는 단어는 없는지 최대한 간결하게 표현하려 노력했다. 일단 쓰고 불필요한 문장을 삭제하고 줄이며 짧고 간결하게 고쳤다. 문장은 짧게, 쉬운 언어로. 중학생이 읽어도 술술술 읽히도록. 그래서 중간중간 큰아이에게 읽어보라고 부탁했다. 화려하게 쓰려고 욕심부리지 않으니, 마음이 더 편해졌다. 잘 쓰고 싶은 마음이 글쓰기를 힘들게 하기도 하니까.

미사여구가 많은 글이 꼭 좋은 글이 되는 건 아니니까. 길게 쓰면 독자의 집중력을 붙잡기 어렵다. 쇼츠 동영상과 SNS 짧은 글에 익숙해진 사람들. 집중력은 계속 저하되고, 그로 인해 점점 더 긴 글을 읽기 어려워졌다.

첫 책을 쓰고 가장 많이 들었던 피드백 중 하나가 술술술 잘 읽혔다는 말이다. 그 어떤 말보다 기쁘고 감사했다. 그렇게 쓰기 위해 부단히 노력했기에. 오늘도 불필요한 문장을 덜어낸다. 가벼워지는 대신 더 깊어지는 글. 짧게 쓴다는 건 본질에 가까워지는 것이다. 짧고 간결한 글로도 충분히 잘 전할 수 있다.

글을 다 쓰고 나면 나에게 물어요.
"중복되는 단어는 없나?"
"문장을 더 나누거나 줄일 수는 없나?"
"불필요한 부사, 형용사는 없나?"

빼고, 줄이고, 나누면 핵심과 진심만 남아요.
쉽게 읽히지만, 더 선명해집니다.

글쓰기도 숙성과 발효가 필요하다

나는 기고할 일이 생기면 그날 바로 노트북에 새 문서를 만들고 한 줄이라도 쓴다. 그리고 계속 들랑거리면서 추가한다. 그곳이 나의 놀이터가 된다.

『나는 말하듯이 쓴다』, 강원국

일단 무언가라도 써보기, 일단 쓴다. 생각나는 대로 한 줄이라도 써보는 거다. 백지상태에서 고민만 하는 것보다 떠오르는 생각을 한 줄이라도 써놓으면 다음이 생긴다. 블로그 글도 쓰기 전에 제목이라도 써 놓으면 시작하기가 훨씬 쉬워진다. 우선 뭐라도 써 놓으면 보탤 수 있다. 그렇게 열 줄, 스무 줄의 글을 쓸 수 있게 된다.

쓰다가 보태며 묵혀둔 글은 더 깊어진다. 마치 묵은지처럼, 오래 숙성된 된장 고추장처럼. 나의 경험과 생각, 감정이 발효되어 더 진하게 울림 있는 글이 된다. 그래서 일단 제목부터, 한 줄부터 먼저 써놓고, 생각나면 수시로 추가하며 글을 늘린다. 그리고 나중에 삭제하고 고친다. 미리 뭐라도 써 놓으면 다른 일을 하면서도 관련된 생각이 문득문득 떠오른다.

책 쓰기도 마찬가지였다. 한 권의 책을 어떻게 완성할지 미리부터 겁을 먹게 된다. 그러나 한 줄이 한 편의 글이 되고, 또 두 편의 글이 되는 거였다. 한 편씩 추가하며 글을 쓰면 어느덧 분량이 채워진다. 한 권 책이 되는 과정이다. 이 모든 것의 출발점은 '써 놓는다'라는 단순한 행동에서 시작된다. 아무것도 없는 상태에서 시작하기는 어렵다. 한 문장이라도 쓴 상태에서 늘려가는 것은 더 쉽다. 멋진 생각도, 깊은 통찰도 기억 속에만 머물면 사라지고 만다. 그것을 세상에 꺼내놓는 방법은 우선 한 줄 써 놓는 것이다. 그리고 묵혀두고 조금씩 살을 붙이며 완성한다. 완벽한 문장을 찾느라 멈춰 서지 말자. 첫 줄은 좀 서툴러도 괜찮다. 좀 매끄럽지 않아도 시작했다는 것에 의미가 있으니까. 우선 써 놓고, 추가하고 다듬어가면 되니까.

글쓰기에서 가장 어려운 건
첫 번째 문장을 쓰는 거였어요.
두 번째 문장부터는 좀 더 수월해지거든요.

시작이 반이라는 말,
글쓰기에서도 통합니다.

글은
메인 요리처럼

  글의 주제는 이럴 때 실종된다. 아는 게 너무 많아 이 얘기도 하고 싶고 저 얘기도 하고 싶거나, 독자를 사랑하는 마음이 지극하여 이것도 알려주고 싶고 저것도 알려주고 싶거나, 잘 써보려는 욕심에 수사법을 과하게 쓰거나 할 때 주제가 묻힌다.

『나는 말하듯이 쓴다』, 강원국

  글을 잘 쓰고 싶은 마음에 욕심을 부리게 된다. 내가 아는 이야기를 다 쓰고 싶다. 하나라도 놓칠세라 생각을 쥐어 짜내며 내용이 풍성한 글을 쓰기 위해 애쓴다. 그러나 그 욕심이 가장 큰 실수였다. 이것저것 늘어놓은 글은 친절함이 아니다. 글은 10첩 반상이 아니라 메인 요리여야 한다. 딱 하나 말하고 싶은 주제를 중심으로 재료를 고르고, 양념을 하고, 정성껏 조리해야 한다.

  한 상 가득 차려진 진수성찬은 여러 음식을 맛볼 수 있어서 좋다. 그러나 무엇이 중심인지 모호하다. 정성껏 담긴 다양한 음식을 맛있게 잘 먹었지만 뭔지 모를 아쉬움이 남는다. 반면 메인 요리는 1가지 요리지만 그 안에 정성이 집중된다. 하나의 요리를 위해 모든 요소가 조화를 이룬다. 한 그릇 요리만으로도 충분히 맛있다.

글도 여러 이야기를 한꺼번에 담으려 하면 제대로 전달되지 않는다. 한 개의 주제에 초점을 맞추고, 그 주제를 돋보이게 하는 재료만 엄선해서 사용해야 한다. '이 글을 통해 내가 하고 싶은 말이 무엇일까?'라는 질문에 분명한 답이 있어야 한다. 명확한 주제는 어디로 가야 할지 안내하는 나침반과 같다.

좋은 글은 그런 거다. 주제를 뾰족하게 담아낸 글. 복잡하지 않고 단순한 글 말이다. 내가 쓰고 싶은 글의 주제를 한 문장으로 정리할 수 있어야 한다. '하나의 글은 하나의 주제로만 쓰기'가 원칙이다. 아무리 좋은 이야기라도 주제를 벗어나는 이야기는 과감히 삭제했다. 아까운 마음에 끼워 넣는 순간 부자연스러운 글이 되어 버린다. 가장 하고 싶은 이야기에서 한 가지로 좁힌 글, 편안하게 읽히지만 또렷한 글, 시선이 머무는 그런 글을 쓰고 싶다.

모든 걸 다 담으려다 보면 메시지가 희미해지지요.
많은 걸 담으려 할수록 어느 것도 빛나지 않아요.
하나의 주제, 하나의 마음만 꺼내놓아 봅니다.
그 순간 내 이야기가 온전히 전달되니까요.

다 쓴 글이
잘 쓴 글이야

잘 쓴 글을 보고 기죽는 건 자연스러운 감정이다. 그러니 기죽는다는 사실엔 기죽지 말고, 내가 기죽었다는 사실을 글로 써보자. 그게 글 쓰는 사람의 임무다. "쓰는 행위만이 목적이다."

『은유의 글쓰기 상담소』, 은유

글을 쓰면서 생각한다. 아직 부족하다고. 여러 번 수정하고 다시 쓰기를 반복한다. 그리고 어느 선에서 나와 타협하며 결국 마침표를 찍는다.

매일 쓰며 생각한다. 어떤 형태로든 완성하기만 해도 이미 그 글은 가치가 있다고. 그런 마음으로 쓴다. 우선 완성해 보자고. 글을 쓰는 행위는 단순히 문장을 이어가는 것만은 아니다. 생각을 정리하고, 전하고자 하는 메시지를 잘 전달하기 위해 고민하는 시간이다. 그러므로 썼다는 자체만으로도 이미 큰 성취다.

글쓰기 노하우는 기술보다 습관에 가깝다. 완벽하지 않게 느껴지더라도 일단 매일 쓴다. 가볍게라도 내 생각과 경험을 써내는 과정에서 작은 결과물이 완성된다. 마음먹고 쓰는 과정은 어렵다. 그렇기에 완성했다는 것 자체로 뿌듯하다. 완벽한 첫 문장을 고민하다가 한 줄도 못 쓴 글과, 어설프지만 끝까지 완성한 글이 있다면 후자가 압도적으로 낫다. 글은 머릿속에 있을 때가 아니라 종이 위에, 화면 위에 있을 때만 글이다.

다 쓴 글이 쌓이면 점점 자신감이 생기고 조금씩 글 쓰는 근육이 단련된다. 완성하는 경험이 필요하다. 이런저런 과정을 거치고 끝까지 썼다는 사실, 그 자체만으로 의미가 있으니까. 중요한 건 마침표를 찍는 순간이다. 끝까지 쓰는 것, 그게 전부다. 다 썼으니 이미 잘 쓴 글이다.

완벽한 문장을 쓰려다가 완성하지 못한 어제와,
어설프더라도 끝까지 써낸 오늘.
어느 쪽이 더 의미 있을까요?
수많은 망설임을 이겨내고 결국 마침표를 찍은 순간,
이미 잘 쓴 글이에요.
글의 완성도보다 완성해 낸 의지에 박수를 보내고 싶어요.

블로그 글이
에세이가 되려면

잘 쓰지 못해도 상관없습니다. 그저 내가 하고 싶은 말을 마음대로, 즐겁게 쓰면서 '작가처럼 글을 쓰고 있는 지금의 느낌'을 만끽하는 겁니다.

『에세이를 써보고 싶으세요?』, 김은경

블로그 글을 쓰다 보면 언젠가 한 번쯤은 꿈꿔보게 된다. 내가 쓴 글이 한 권의 책이 되는 그런 순간을. 화면 안에서만 보던 글이 종이로 인쇄되어 누군가가 읽고 있는 모습을 상상하는 것만으로도 가슴이 벅차다.

처음 블로그에 글을 쓸 때만 해도 그냥 기록에 가까웠다. 그것도 가뭄에 콩 나듯 어쩌다 한 번씩. 오늘의 일상에서 느낀 소소한 생각, 좋은 책에서 얻은 인사이트, 영화나 유튜브에서 얻은 짧은 인상들. 이 글들은 각각 독립된 글이다. 문득 떠오른 생각이나 감상이 따로 떨어져 담겨있다.

반면 에세이는 개별 된 글이 서로 연결되어 하나의 이야기가 된다. 나만의 이야기가 모두의 이야기가 되려면 어떻게 해야 할까? 자신의 이야기가 다른 사람에게도 의미 있게 다가가야 한다. 미완성인 날것의 생각에서 기승전결을 만들어 하나의 흐름을 만든다. 일기처럼 시작한 글이라도 그 속에 드러난 솔직한 마음과 깨달음이 독자의 삶에도 스며들 수 있다. 나를 다독이는 글쓰기가 다른 사람에게도 위로가 되는 이유다.

평소 하나의 주제를 관통하는 글을 쓰는 게 도움이 된다. 주제를 정하고 나눠서 쓰니 목차를 만들 때 유용했다. 첫 책을 쓸 때는 목차를 먼저 완성하고 하나씩 채워 나갔지만, 이번 책은 글을 먼저 쓰고, 그 글을 분류하며 목차를 만들었다. 블로그 글을 모아 책을 쓴다면 후자의 방법이 더 수월하다.

평소 책을 많이 읽고, 문장을 모아 놓아야 든든하다. 좋은 문장이 내 안의 이야기를 끌어내고 글의 완성도를 높여준다. 책을 쓰는 중간에도 틈틈이 읽는다. 그 에너지로 내 글을 쓴다. 사실을 기록하는 글에 자신의 목소리가 담길 때 에세이가 되는 게 아닐까? 그래서 오늘도 기록하고, 성찰하고, 공유한다. 책으로 엮을 수 있는 재료를 만든다. 의미 있는 또 다른 도전을 위해서.

블로그에 흩어져 있던 조각난 생각들이
하나의 이야기가 되었어요.
내가 쓴 개인적인 이야기가
누군가에게는 위로가 되고,
용기가 되지요.
꾸준히 기록하고 모아서 다행이에요.
그런 내가 고마워집니다.

글쓰기를 위한
독서는 다르다

독서 감상문처럼 이미 소재가 주어진 상태에서 뭔가를 쓴다는 것은 이미 글쓰기의 반은 해결된, 매우 쉬운 일이라는 것을 인식할 필요가 있다.

『사이토 다카시의 훔치는 글쓰기』, 사이토 다카시

"글을 잘 쓰려면 책을 많이 읽어야 한다." 글쓰기 책에 꼭 등장하는 말이다. 처음 읽을 때는 글쓰기엔 관심이 없었다. 아이를 잘 키우고 싶어서 읽기 시작했으니까. 육아서를 읽으며 깨달았다. 아이를 잘 키우려면 엄마가 먼저 커야 한다는 것을. 그래서 더 치열하게 읽었다.

오랜 시간 독서를 하게 되면 일상에서도 생각하게 된다. 내 느낌이 맞다고 확신을 주기도 하고, 몰랐던 것을 알아가며 깨달음을 얻는다. 그 과정에서 내 생각이 생기고, 글로 쓰는 힘이 생긴다.

이제 책을 읽으면 쓸 이야기가 떠오른다. 전에는 내 안에서 쥐어짜 내어 글을 썼다면, 이제는 책에서 영감을 얻는다. 읽다 보면 '반짝'하고 생각이 명료해지는 문장을 만난다. '아, 나도 이 부분에 관해서는 쓸 얘기가 있을 것 같아.'라는 지점이다. 글을 쓰면서부터 독서하는 방식이 달라졌다. 작가의 문체를 눈여겨보며 읽게 되었다. 그가 표현하는 문장이 눈에 들어온다.

글에는 마음씨가 드러난다. 그래서 난 쓰기 전에 좋은 글을 읽는다. 내 못난 마음이 들통날까 봐. 글감이 떠오르지 않을 때도 책을 먼저 읽는다. 그러면 분명히 힌트를 얻는다. 지나치지 않고 메모하고 저장해둔다. 곶감 빼 먹듯 하나씩 빼서 쓰기 위해.

자신의 관심과 맞닿아야만 진짜 독서를 할 수 있다. 내가 친구에게 추천해 준 책이 그 친구에게는 별로인 이유다. 마치 '나를 위해 쓴 것 같은 책'을 만나면 밑줄 긋고 옮겨 적느라 바쁘다. 누가 시켜서 하는 게 아니기에 진짜 내 것이 된다. 그렇게 서서히 독서 취향이 생긴다. 더 많이 얻기 위해 욕심부리며 읽지 않는다. 천천히 곱씹고 아끼며, 자료를 모으듯 읽는다. 쓰기 위해 저장하는 마음으로. 좋은 책은 좋은 글감이 되니까.

"어떻게 이런 문장을 썼을까?"
책을 읽다가 자꾸 멈춰 서게 돼요.
쓰기 위해 읽는 것은 달라요.
작가의 호흡을 따라가며, 문장의 리듬감을 익힙니다.
내 글에 어떻게 적용할지 고민도 하면서 말이죠.

그럼에도 불구하고
쓰고 싶어

글 쓰는 나를 어색하게 느끼면 잘 안 쓰게 되겠죠. 어색한 옷을 잘 안 입는 것처럼요. '글 쓰는 나'의 모습을 스스로 자연스럽게 느끼도록 규칙적으로 꾸준히 쓰는 활동에 임하는 게 중요합니다.

『은유의 글쓰기 상담소』, 은유

아직 글 쓰는 내가 어색하다. 다른 사람 옷을 빌려 입은 것처럼. 하지만 이상하게도 자꾸만 쓰고 싶어진다는 거다. 그럼에도 계속 쓰고 싶다. 글 쓰는 건 어렵다. 쓰기 전부터 막막해지기도 한다. 그러나 일상에서 수시로 생각나는 아이러니. 그럼에도 글과 가까워지고 있나 보다. 쓰다 보면 다른 글이 되기도 한다. 일단 그냥 쓴다. 그대로 풀어내기도 하고, 다시 돌아가기도 하며 자연스럽게 쓰려고 노력한다.

새벽 기상에 다시 설렘이 생기는 건 처음 독서를 시작했을 때의 그것과 같다. 한 편의 글을 완성했을 때의 성취감이

다시 쓸 수 있게 해주었다. 고요한 새벽은 집중해서 책을 읽기에도, 내 안의 이야기를 풀어내 글을 쓰기에도, 하루를 시작하며 감사를 느끼기에도 더없이 좋은 시간이다. 어렵고 낯설지만 계속 쓰고 싶은 건 그 안에서 행복을 느끼기 때문이다. 쓰면서 울기도 하고, 나를 연민하며 상처를 치유한다. 내가 쓴 글로 스스로 위로받는다.

다른 사람에게도 연결되어 같은 마음을 공유한다는 건 큰 기쁨이 된다. 내 글을 읽어주는 누군가가 있다는 건 계속 쓸 수 있는 동력이 된다. 긴 호흡으로 바라본다. 천천히 꾸준히 가다 보면 언젠가는 글 쓰는 내가 익숙해지겠지. 좀 더 나은 내가 될 것만 같은 그 느낌이 좋아서 매일 쓴다. 내일의 나를 기대할 수 있어서. 그럼에도 불구하고 계속 쓰고 싶다.

빌려 입은 옷 같았던 글쓰기가
조금씩 내 몸에 맞아가고 있어요.
아직은 서툴지만 설렘을 느껴요.
천천히 나만의 이야기를 씁니다.
어색함보다 더 큰 건,
계속 쓰고 싶은 마음이니까요.

좋은 글을
쓰는 방법

나쁜 글이란 무엇을 썼는지 알 수 없는 글, 알 수는 있어도 재미가 없는 글, 누구나 다 알고 있는 것을 그대로만 쓴 글, 자기 생각은 없고 남의 생각이나 행동을 흉내 낸 글, 재주 있게 멋지게 썼구나 싶은데 마음에 느껴지는 것이 없는 글이다. (이오덕)

『쓰기의 말들』, 은유

이렇게 쓰지 말라고 나에게 해주는 말 같았다. 글을 쓰면 쓸수록 잘 쓰고 싶은 욕심이 생긴다. 무엇을 더할지를 생각하며 어느새 멋을 부린다. 멋진 문장으로 그럴싸하게 보여주는 글을 쓰고 싶어진다. 그러나 흉내 내는 글이 아닌, 내 글을 쓰기 위해서는 가장 먼저 잘 쓰는 척을 빼야 한다. 나쁜 글에 대해 열거한 문장을 천천히 읽으며 생각해 보았다.

'그럼 좋은 글은 어떤 걸까?'

주제가 명확히 드러나는 글, 내 생각이 들어간 글, 읽는 이에게 도움이 될 만한 글, 마음이 느껴지는 진정성 있는 글이다. 내 안에 있는 글을 쓰려고 노력한다. 결국 글쓰기도 힘을 빼야 하는 거였다. 잔뜩 힘주고 쓴 글은 자신에게도 닿지 않는다.

단어 선택에 조금은 신중해진다. 혹시라도 내 글로 누군가 상처받는 건 아닌지 말이다. 타인을 존중하는 글을 쓰고 싶으니까. 글을 쓰고 한 번씩 체크해 봐야겠다. 혹시 나쁜 글을 쓰고 있지는 않은지. 나쁜 글을 쓰지 않는 게 좋은 글을 쓰는 방법일 테니까. 겸손한 마음으로 늘 배우는 마음으로 쓰겠다고 다짐한다. 행여나 뽐내며 쓰지 않았을까, 다시 한번 읽어본다. 내 의도를 최대한 그대로 담기 위해서. 글이란 결국 '나'라는 사람이니까.

문득 이런 생각이 들어요.
욕심 없이 힘을 빼고 쓰는 게
잘 쓰는 것만큼 중요하다고.
나쁜 글을 쓰지 않는 것이
좋은 글을 쓰는 첫걸음이니까요.
오늘도 글에 마음을 더해봅니다.

필사가 글쓰기 향상으로
이어지려면

글을 쓸 때는 초두효과, 최신효과 등을 고려해야 한다. 특히 글쓰기에서 가장 유효한 수단은 초두효과다. 인용문, 사례 등을 글의 앞에 제시하는 것이다.

『시골의사 박경철의 자기혁명』, 박경철

그러고 보니 이 책도 초두효과를 노린 셈이다. 초반에 임팩트 있는 문장으로 시선을 끌고 다음에 관련된 내 생각과 경험을 쓴다. 초두효과로 인용 글을 활용할 때는 그에 조응하는 이야기로 시작해야 한다. 그래야 자연스럽게 내 이야기로 이어진다.

책을 읽으며 필사한다. 나 같은 경우는 하나의 글을 여러 번 필사하는 게 아니라, 책을 읽을 때마다 와 닿는 문장을 필사하는 방식이다. 글씨체는 엉망이지만 쓴다는 것에 의미를 두고 부담 없이 편하게 쓰고 있다.

좋은 글은 흘러가지 않는다. 눈으로 편하게 읽고 지나친 문장은 곧 잊히지만, 손으로 따라 쓰고 마음으로 한 번 더 읽은 문장은 오래도록 내 안에 남는다. 글쓰기를 잘하고 싶다면 먼저 '베껴 쓰기'부터 시작한다. 읽고 감탄한 문장을 옮겨 적다 보면 그 문장의 호흡과 구조와 리듬을 조금씩 그러나 분명하게 익히게 되니까. 필사하며 아래에 내 생각을 적어 보았다. 내용을 조금 고쳐서 써보기도 하면서. 내 안에 없던 어휘가 튀어나오고, 그렇게 내 글도 조금씩 닮아간다. 글을 덜어내고 요약해서 짧게 써보기도 하고, 내 생각을 추가해서도 쓴다. 그 과정이 내 글을 쓸 수 있게 해준다.

글을 쓸 때는 책에서 도움을 많이 받는다. 뼈대를 세우고 맥락을 따라 조립하듯 쓴다. 배운 문장을 나의 글로 재구성하며 생각과 감정이 또렷해진다. 제목을 저장해두고, 같은 주제의 문장을 필사하듯 상단에 인용 글로 활용한다. 그 문장을 토대로 내 생각을 써 내려간다. 형태를 비슷하게 따라 쓰는 글이 아니라 내 언어로 다시 나만의 이야기를 풀어내는 글이다. 창조는 모방에서 시작된다고 하지 않던가. 글쓰기는 결국 생각을 훈련 시키는 과정이다. 그렇게 나만의 문장도 완성된다.

필사는 손끝으로 만나는 마법이 아닐까요?
좋은 글을 꾹꾹 눌러쓰며
그의 호흡을 느끼고 그의 시선을 배워요.
글자가 단어가 되고 단어가 문장이 되어
결국 내 마음에 스며듭니다.

온기 있는 문장을
나누고 싶어

당신이 일으킨 문장의 물결이 당신의 진심을 실어 나르기를 바란다. 당신의 글이 누군가에게 한 송이 꽃이 되기를.

『글의 품격』, 이기주

이성으로 쓰는 논리적인 글보다 감성으로 풀어내는 글이 더 편하다. 마음을 담아 쓰려고 노력한다. 단순히 정보를 전달하거나 의견을 표현하는 글보다 느끼고 생각하는 것을 나누고 싶다. 아무리 정교하고 논리적인 글이라도 진심이 담기지 않으면 감동이 없으니까. 마음속 깊숙이 숨겨둔 아픔을 드러냈다. 그리고 알게 되었다. 글의 힘은 논리적인 글에만 있는 것이 아님을.

솔직하게 표현하는 것만으로도 잘 전달할 수 있다는 것을. 마음을 울리는 글은 정보를 나열한 글이 아니라 진심이 담긴 글이었다.

내가 평소 비속어를 쓰지 않는 이유는 말이나 글에도 온도가 있다고 믿기 때문이다. 차갑게 얼어붙게 만들 수도, 따뜻하게 녹일 수도 있다는 걸 말이다. 마음 온도를 잘 조절해서 따뜻한 글을 쓰려고 노력한다.

글을 쓴다는 건 마음을 나누는 것과 같다. 진솔한 마음이 담긴 글은 따뜻한 온기가 있다. 우리가 읽는 글도 마찬가지다. 글 이면에 담긴 마음의 메시지를 읽는 것이 중요하다. 살아가며 겪는 복잡한 감정을 말로 다 표현할 수는 없다. 글로는 좀 더 자연스럽게 드러낼 수 있다. 자신도 몰랐던 생각과 감정을 발견하게 된다.

마음으로 전하는 글은 '무엇을'보다 '어떻게'에 초점이 맞춰져야 한다. 구체적으로 표현할수록 더 깊이 와닿는다. 세밀하게 관찰하고 솔직하게 표현한다. 진정성 있게 다가가는 것이 바로 '어떻게'의 핵심이다. 잘 쓰려고 하는 순간 글은 형식이 되고 만다. 잘 전하려고 할 때 따뜻하게 연결된다. 마음을 펜 끝에 털어놓는 순간, 내 글도 누군가의 하루에 작은 온기로 머무는 글이 된다.

> 있는 그대로의 내 이야기를
> 담담히 써 내려가면 된다고 생각하니
> 마음이 편안해졌어요.

잘 써야 한다는 부담감을 내려놓으니
오히려 더 자연스러운 글이 됩니다.
글은 마음을 담는 그릇이에요.
예쁘게 꾸미려 하기보다는
진심 가득 따뜻하게 전해 봅니다.

글 한 편을
잘 쓰는 것보다

글 한 편을 잘 쓰더라도 글 쓴답시고 하루가 엉망이 되면, 그게 또 마음이 편치 않더라고요. 무엇을 위한 글인가, 회의가 들고요. 잘 살려고 쓰는 건데 쓰다가 잘 살지 못한다는 느낌이 들면 안 되잖아요.

『은유의 글쓰기 상담소』, 은유

블로그가 글쓰기에 활력을 주었다. 매일 쓰는 글로 자신감이 붙었다. 생산적인 활동을 하고 있다는 느낌과 함께, 하루를 뿌듯함으로 기분 좋게 시작할 수 있었다. 인스타그램이나 스레드에도 짧은 글을 쓰고, 두 번째 책도 쓰고 있다. 앞으로도 매일 꾸준히 계속 쓰고 싶다. 그런데 자꾸만 놓치는 일이 생긴다. 아이와의 약속도 깜빡하고, 해야 할 일을 못 하는 경우가 생긴다. 내가 왜 이러는 걸까? 멀티가 잘 안 된다. 리스트를 적어 놓았지만, 완료된 체크가 몇 개 없다. 언제부턴가 빈칸이 점점 더 많아졌다.

난 왜 글을 쓰는 걸까?

그렇게 바라던 쓰는 삶, 잘 쓰는 사람이 된다 한들 하루가 지켜지지 않고 기본이 흔들린다면 진정 원하는 삶을 살 수 없을 것이다. 성장하기 위해, 더 나은 삶을 살기 위해 글을 쓰는 건데 쓰느라 하루가 엉망이 되어 버리면 안 되니까. 하루를 잘 살아내는 일 안에 글쓰기가 있어야 한다. 너무 기울지 않도록 균형을 맞춰 간다. 시작부터 진이 빠지지 않게.

무엇을 위한 글쓰기인지 다시 한번 생각해 본다. 꾸준히 쓰기 위해, 더 멀리 가기 위해서. 잘 쓰는 내가 되어 온전한 행복을 누릴 수 있게. 혼자만의 기쁨이 아닌 주변 사람도 함께 기뻐할 수 있도록.

쓰는 삶 안에서도 놓치면 안 되는 순간들이 있어요.
살아가는 일과 기록하는 일, 둘 다 소중하지요.
적당히 균형을 맞춰 갑니다.
글쓰기를 핑계로 진짜 삶을 놓치면 안 되겠지요.
내일도, 앞으로도 계속 해야 하는 일이니까요.

비교적 수월하게
글 쓰는 방법은?

자료는 파랑새와 같다. 여기저기를 찾아 헤매지만, 결국 자기 안에 있음을 깨닫게 된다. 자료 찾기는 자기 안의 파랑새를 불러내기 위한 과정이어야 한다.

『나는 말하듯이 쓴다』, 강원국

본격적인 글쓰기의 시작은 무작정 빈 화면에 키보드를 두드리는 순간이 아니라, 자료를 조사하고 정리하는 준비 과정부터다. 자료가 있으면 시작부터 든든해진다. 자료 조사는 글의 깊이를 만드는 일이고, 내 글의 기반을 단단히 하는 작업이다. 모은 자료와 내 경험이 만날 때 더 설득력 있는 글이 된다. 책 한 권을 쓰기 위해서는 같은 주제의 책을 적어도 50~100권 정도는 읽어야 한다.『대통령의 글쓰기』,『나는 말하듯이 쓴다』의 강원국 작가도 글쓰기에 앞서 매일 신문이나 칼럼을 읽고, 유튜브 하나를 보고, 책이나 명언을 읽으며 준비하는 시간을 가진다고 한다. 내가 쓰려는 주제에 대해 얼마나 알고 있는가가 중요하다. 자료 조사는 단순한 수집이 아니라 생각의 지도를 그리는 것이다. 글의 방향을 잡아가는 과정이다.

자료를 직접 모으고 정리하면 희미했던 정보가 점점 확실히 보인다. 그렇게 공부한 내용을 내 감정과 언어로 표현한다. 어떻게 쓸까를 생각하기에 앞서 얼마나 알고 있는지를 돌아보았다. 왜 이 글을 쓰려는지, 무엇을 이야기하고 싶은가를. 그래야 필요한 자료를 준비할 수 있다. 이는 마치 충분한 재료를 준비한 요리사가 자신 있게 음식을 만들어 내는 것과 같다. 필요한 순간에 적절한 자료를 활용할 수 있는 여유가 생기면 글쓰기는 더 이상 고통스러운 작업이 아니라 즐거운 창작 활동이 된다. 충분한 자료 조사와 깊은 이해를 바탕으로 비교적 수월한 글쓰기를 할 수 있다. 정보가 풍부하면 자신감이 생긴다. 근거가 단단하면 글에 힘이 실린다. 얼마나 잘 조사했는지가 수월한 글쓰기를 만든다. 글을 잘 쓰는 사람은 준비를 잘하는 사람이다.

복잡했던 생각들이 조금씩 정리되기 시작했어요.
아, 이렇게 연결할 수 있겠구나.
모은 자료와 내 경험이 만나

깊이 있는 단단한 글이 됩니다.

억지로 짜낸 글이 아닌

자연스럽게 스며드는 내 이야기가요.

'일기 쓰기'는
가장 진솔한 글쓰기

'글을 쓴다는 것'은 자신을 표현하기 위해서 '마음을 더듬는 것'을 말한다. 더듬고 또 더듬는 시간을 보내며 나는 짐작하지 못할 정도로 내 가능성을 확장할 것이다.

『내 언어의 한계는 내 세계의 한계이다』, 김종원

인정받고 싶고 존중받고 싶었다. 사랑받고 싶은 욕구로 내 마음의 잣대를 외부에 두다 보니 타인의 말 한마디에도 심하게 휘청거렸다. 잘 보이기 위해 꾸민 말은 오래가지 못한다. 마음의 잣대를 안에다 두어야 한다. 누군가에게 보여주기 위한 글은 힘을 주고 포장하게 된다. 내 이야기가 담겨 있어야 공감을 이끌고, 진솔한 마음을 담아야 통하게 된다.

그럼, '진솔한 글쓰기'는 어떻게 하면 될까? 일기를 쓰는 게 도움 된다. 일기는 자신만 보는 글이다. 누구에게 보이기 위한 글이 아니기에 솔직한 마음을 표현할 수 있다. 마음이 힘들 때는 일기에 감정을 섬세하게 기록했다. 쓰기만 했을 뿐인데 마음이 한결 가벼워졌다. 나를 더 이해하게 되었다. 가장 진솔한 작가가 되고, 동시에 독자가 되는 시간이다. 아무도 보지 않을 페이지 앞에서 비로소 가면을 벗을 수 있다. 문법이 틀려도, 논리가 좀 부족해도, 감정이 격해져도 괜찮다. 오히려 그런 날것의 솔직함이야말로 진솔한 글쓰기의 출발점이 된다.

감정을 숨김없이 쓰는 연습으로 다른 글을 쓸 때도 더 정교하고 섬세하게 표현할 수 있다. 돌아보니 일기 쓰기가 글쓰기에 많은 도움이 되었다. 그 순간 무너지는 마음으로 썼던 일이 어느새 대수롭지 않은 일이 되어있고, 당시에는 별거 아닌 일이 지금에 와서 중요한 전환점이 되어있다. 이런 경험으로 글을 쓸 때 한 발짝 떨어진 시선으로 바라보는 연습이 된다. 일기 쓰기는 가장 기본적이면서 동시에 가장 진솔한 글쓰기였다. 아무도 평가하지 않는 공간에서 자유롭게 써보면 어떨까? 매일의 작은 기록이 모여 언젠가는 누군가의 마음에 닿는 이야기가 될 수 있다고 믿는다.

우리는 모두 비슷한 고민을 하고 살아가요.
내가 느낀 불안과 고민이

나만의 문제가 아닐 수도 있지요.
내 솔직한 이야기가 누군가에게는
위로가 되고 용기가 될 수 있어요.
담담히 써 내려간 일기장 한 페이지에서도요.

접속사 없이도
의미가 통한다

있어도 괜찮은 말을 두는 너그러움보다, 없어도 좋을 말을 기어이 찾아내어 없애는 신경질이 글쓰기에선 미덕이 된다.

『쓰기의 말들』, 은유

글을 쓰다 보면 버릇처럼 자연스럽게 이어지는 말이 있다. '그리고, 그러나, 하지만'이다. 없으면 안 될 것 같다. 쓰다 보니 여기저기에 반복된다. 정확히 말하자면 쓰고도 잘 몰랐다. 있어야 더 매끄럽게 읽히는 줄 알았다. 접속사가 불편해지기 시작한 건 글쓰기 책을 읽고 공부하면서부터였다. 없어도 될 것 같은 부사, 접속사, 형용사를 줄이기만 해도 글이 훨씬 간결해지고 잘 읽힌다는 걸 알게 되었다.

남용하는 수식어는 오히려 핵심을 흐리게 한다. 좋은 글은 군더더기가 없다. 짧은 글이어도 의미는 정확히 전달 된다. 말과 글은 다르다. 말은 맥락과 억양으로 전달되지만,

글은 눈으로 읽고 머리로 해석된다. 덜어내야 간결함이 보이고, 간결해야 이해가 쉬워진다. 문장은 본래 흐름으로도 연결된다. 주제가 명확하게 중심이 단단하면 굳이 끼워 맞추지 않아도 흐름이 유지된다. 이를테면 "나는 오늘 마트에 갔다. 그리고 콩나물과 두부, 우유를 샀다. 그런데 날씨가 좋아서 공원에도 잠깐 들렀다. 하지만 사람은 많지 않았다." 이 문장에서 접속사를 모두 빼보았다. "오늘 마트에 갔다. 콩나물과 두부, 우유를 샀다. 날씨가 좋아 공원에도 잠깐 들렀다. 사람은 많지 않았다." 접속사를 빼기만 해도 읽히는 맛이 좋아진다.

부사, 형용사, 접속사는 꼭 필요할 때만 쓴다. "비가 왔다. 그래서 우산을 챙겼다."보다 "비가 왔다. 우산을 챙겼다."가 더 심플하다. '그래서'가 없어도 이미 인과관계를 파악할 수 있다. 접속사가 지나치게 반복되면 한 호흡으로 읽히지 않고 자꾸 멈춰 서게 된다. 짧은 간격의 불필요한 빨간불처럼. 문장은 연결이 아니라 구조로 이어진다. 글을 다 쓴 후에는 수식어와 접속사를 하나씩 지워본다. 의미가 그대로 전달된다면 불필요한 것이다. 없어야 글이 더 선명해진다.

글을 쓸 때 자꾸 접속사를 넣었어요.
완벽하게 이어야 할 것 같았거든요.
처음에는 빼는 게 어색했지만,
더 편하게 읽힌다는 걸 알게 되었죠.
오히려 더 간결하게요.
완벽한 연결이 아니어도 사람들은
자연스럽게 이해합니다.

> 편지 다섯

성찰

|

너무 잘하려고 애쓰지 말자

오늘 조금 모자랐다면 내일 조금 더 채우면 돼요.
오늘 조금 비뚤어졌다면 내일 또 고치면 되고요.
오늘 못다 한 이야기는 내일 또 이어서 쓰면 됩니다.
우리 너무 잘하려고 애쓰지 말아요.

때로는 멀찍이 서야
더 잘 보인다

머리카락을 세면서 빗질을 하느냐. 쌀알을 한 톨 한 톨 헤아리며 밥을 짓느냐. 이렇게 시시콜콜한 일에 매몰되어서야 어찌 험한 세상의 다리를 건너겠느냐.

『장자에게 배우는 행복한 인생의 조건』, 이인호

가까이 봐야 더 잘 볼 수 있을 것 같지만 거리를 두었을 때 비로소 보이는 것들이 있다. 눈앞으로 바짝 다가선 그림은 몇 가지 색깔의 조각일 뿐이지만 조금 뒤로 물러서면 전체가 보인다. 가까이 있을수록 오히려 잘 모를 때가 많다. 서로의 노력이 눈에 보이지 않는다. 매일 마주하는 것은 당연하고 사소하다. 상대를 위한다는 이유로 더 가까이 다가가려고 한다. 그러나 가까울수록 문제가 더 커 보이고, 감정은 뾰족해지며 더 많은 상처를 남긴다.

중학생 큰아이와의 관계에서 많은 생각이 드는 요즘이다.

내가 너무 가까이에 서서 아이를 통제하고만 있는 건 아닌지, 너무 가까이에서 보느라 정작 중요한 것을 놓치고 있는 건 아닌지 말이다. 눈앞에 보이는 사소한 일로 날을 세우지 않으려 노력한다. 한 발 뒤로 물러서니 보였다. "그럼, 어떻게 하면 좋겠니?"라며 아이의 의사를 물을 수 있었다. 지금 당장 코앞의 잘못을 따져가며 아이를 다그치느라 진을 빼지 않았다. 내일이 더 중요한 거니까.

너무 가까이에서 보다 보니 단점만 보일 때가 있다. 작은 실수, 말투, 태도 하나하나가 크게 느껴진다. 한 발 뒤로 물러선다는 건, 포기나 외면이 아니라 배려이고 이해다. 그제야 보이지 않던 신호들이 마음에 와닿는다. 아이는 다시 해맑게 웃었다. 덕분에 내 마음도 평화로워졌다.

관계든, 일상이든, 나 자신이든 너무 가까이에서만 보지 말자. 가끔은 멀리서 바라봐야 전체가 선명해진다. 때론 멀찍이 서는 것이 더 가까워지는 길이다.

한 걸음 물러서서 찍어야 멋진 풍경을 담을 수 있듯
모든 관계에는 적절한 거리감이 있어야 해요.
너무 멀면 식어 버리고,

너무 가까우면 자칫 화상을 입을 수도 있지요.
사랑도, 우정도 적당한 거리에서 가장 빛납니다.

호랑이를 그리다 보면
고양이라도

"호랑이를 그리려고 하면 고양이라도 그린다"라는 말을 믿는다. 할 수 있는 선에서 가장 큰 꿈을 꾸면 설령 그 꿈을 이룰 수 없을지언정 엇비슷한 것이라도 이루게 된다는 뜻이다.

『잘될 수밖에 없는 너에게』, 최서영

사람들은 말한다. 너무 높이 바라보는 건 헛된 기대라고. 실현할 수 있는 것만 바라보라고. 맞다. 어쩌면 닿지 못할지도 모른다. 그러나 그 꿈 덕분에 비슷하게라도 성장한다. 보이지 않던 길이 열리고 마주하지 않던 나를 만나게 된다. 너무 멀어 보여도, 현실이 아무리 단단해 보여도 그 꿈이 나를 조금씩 이끌어준다. 목표를 향해 달려가는 동안 자신도 알지 못하는 사이에 성장한다.

완벽하게 가 닿지 않더라도 그 꿈과 비슷하게라도 가는 길이다. 내가 가는 길도 그러했다. 작가라는 꿈은 터무니없는 꿈이었으니까. 비록 호랑이를 그리지는 못했지만, 고양이라도 그렸다. 고양이를 그렸더니 호랑이를 그려 볼 용기도 생겼다. 나는 할 수 없다고, 자격이 없는 사람이라고 지레 겁을 먹고 포기했다면 고양이조차 그릴 수 없었을 것이다. 호랑이를 그리려는 시도 자체로 얻는 것이 있다. 비록 호랑이는 아니지만 고양이 정도는 그릴 수 있게 되었으니까.

더 나은 삶을 그리는 요령은 큰 그림을 구상하고 일단 그리는 것이다. 내가 그리는 그림이 끝내 호랑이를 완성하지 못해도 괜찮다. 그 시도는 결코 헛되지 않을 것이다. 그래도 끝까지 그려볼 거니까. 번지고 지워진 자국 위에 다시 그린다. 큰 그림에 가까워질 수 있도록. 언젠가는 호랑이에 닿을 수 있을 때까지.

아직 호랑이가 아니어도 돼요.
귀여운 고양이라도 괜찮아요.
오늘 할 수 있는 것부터 해보자고요!
꿈은 크게, 시작은 작게.
그래야 한 걸음 더 다가갈 용기가 생깁니다.

너무 잘하려고
애쓰지 말자

너, 너무 잘하려고 애쓰지 마라. 오늘의 일은 오늘의 일로 충분하다. 조금쯤 모자라거나 비뚤어진 구석이 있다면 내일 다시 하거나 내일 다시 고쳐서 하면 된다. 조그마한 성공도 성공이다.

『너무 잘하려고 애쓰지 마라』, 나태주

흔들림 없이 곧게 나아가는 사람이 있다. 한 번 정한 길로, 굳은 신념과 확신을 가지고 앞으로 전진만 하는 사람들이다. 그들을 보면 정말 대단해 보인다. 강인한 마음가짐, 그 눈빛에 어떤 카리스마가 느껴질 만큼. 하지만 난 그런 사람보다 어디에 길이 있는지 몰라, 찾아가며 수정해 가는 사람에게 더 끌린다. 나와 닮은 사람에게.

한 발 앞으로 갔다가 한 번 멈추고, 조금 가다가 다시 돌아오기도 한다. 확신보다는 호기심의 눈으로 스스로 질문을 던지며 나아간다. 오늘 실패해도 내일 다시 시작할 수 있는 사람, 계속 시도하고 도전하는 그런 사람이다.

언제나 탄탄대로로 곧게 가는 사람은 절대 따라갈 수 없는 사람처럼 마치 나와 다른 존재 같았다. 그러나 흔들리지만 수정해 가는 사람은 따라 할 수 있을 것 같았다. 그들처럼 좌절하지 않고 꾸준히만 한다면 그만큼 성장할 수 있을 것 같았다. 그래서 그런 사람에게 더 눈길이 간다.

애쓸수록 오히려 마음이 조급해졌다. 남들의 빛나는 순간을 보며 스스로 초라하게 느꼈다. 잘하려고 힘을 잔뜩 주면 오히려 아무것도 잘되지 않는다. 글도 그렇고 관계도 그렇다. 너무 잘하려고 애쓰지 말자. 조금 부족해도 답을 찾아가는 사람이 되고 싶다. 그렇게 배워가는 거니까. 어제, 오늘은 그걸로 됐다. 우리에게는 내일이 있지 않은가. 다음을 위해서 그 자체로 의미가 있다. 이미 충분히 잘하고 있으니까.

오늘 조금 모자랐다면 내일 더 채우면 돼요.
오늘 조금 비뚤어졌다면 내일 또 고치면 되고요.
오늘 못다 한 이야기는 내일 또 이어서 쓰면 됩니다.
우리 너무 잘하려고 애쓰지 말아요.

빈틈이 있어야
숨통이 트인다

빈틈이 있다는 말은 한편으로는 웬만한 공간은 다 채워졌다는 뜻이 아닐까? 살짝 빈틈이 있어야 인간다운 법이다. 빈틈이 있어야 삶의 방식을 재배치할 여유가 생긴다.

『엄마의 빈틈이 아이를 키운다』, 하지현

우리는 틈이 생기는 걸 허용하지 않는다. 왠지 빈틈은 게으름으로 여겨진다. 빈 공간은 계속 채워야 할 것 같고, 허전하고 불안하다.

늘 빈틈을 메우느라 바빴다. 육아서 속의 대단한 엄마들을 따라 하느라 안간힘을 쓰고는 지치기 일쑤였다. 그러나 적당한 빈틈은 숨통을 트이게 해준다. 완벽한 엄마의 모습은 오히려 아이에게 부담이 될 수 있다. 그 기준은 어느새 아이에게도 향하게 되니까. 엄마의 실수에서도 아이는 배운다. 완벽하지 않아도 괜찮다고.

빈틈이 있어야 빛이 들어오고, 빈틈이 있어야 바람이 통한다. 제주도 돌담이 태풍에도 무너지지 않는 이유는 틈이 있기 때문이라고 한다. 돌과 돌 사이에 드문드문 나 있는 틈이 바람의 길이 되어준다. 바람이 시멘트 담장은 무너뜨려도 제주도의 돌담은 허물지 못하는 이유다.

빈틈은 부족함이 아니라 여유와 가능성이다. 삶을 더 풍요롭게 만드는 길이다. 자신의 빈틈을 허락하는 순간 비로소 숨통이 트인다. 오히려 그 빈틈 사이로 새로운 바람이 들어온다.

완벽한 사람보다 적당한 빈틈이 있는 사람이 좋다. 빈틈은 부족함이 아니라 더 채울 수 있는 여유다. 나의 빈틈을 받아들이고 타인의 빈틈을 인정한다. 서로에게 스며들 수 있도록.

빈틈은 실패가 아니에요.
새로운 가능성이 스며들 수 있는 공간이지요.
자신의 부족함을 탓하기보다는 그 틈을 이해합니다.
모든 칸을 꽉 채워야 한다는 강박에서 벗어나야
숨 쉴 수 있는 여유가 생깁니다.
조금은 유연하게요.

보여주기 위한 삶은
쇼와 같다

소 열 마리 가진 사람은 한 마리 가진 사람의 마음으로 살고, 소 백 마리 가진 사람은 열 마리를 가진 사람의 마음으로 살아야 합니다. 이것이 진정한 삶입니다.

『모든 것은 기본에서 시작한다』, 손웅정

다른 사람이 나를 어떻게 생각하는지가 왜 그렇게 중요했을까. 눈치 보며 맞춰주지 않아도 되는 거였다. 그런 내가 바보 같았다. 자신감 없는 모습, 자존감 낮은 모습이 내가 바라본 나였다. 중요한 건 '남들이 자신을 어떻게 보는가?'가 아니라 '내가 스스로를 어떻게 바라보는지'를 아는 거였는데. 남의 시선을 신경 쓰느라 내 시선을 무시하고 살았다. 원래 그런 나로 여겼다. 남의 눈을 의식하며 사는 삶은 앞만 보며 달리는 경주와 같다. 나를 뒤돌아볼 여유가 없다. 타인이 원하는 방향으로 그저 달리기만 하니까.

진정한 삶을 살기 위해서는 '보여주는 나' 말고, '내가 보는 나'에게 집중하며 살아야 한다. 자신만의 기준을 세우고 지켜가며 더 의미 있는 삶을 만들 수 있다. 내 인생을 살자는 말이 자기중심적인 삶은 아니다. 스스로에게 충실한 삶이지. 마음이 가는 길을 따르고 자기 행복과 성장을 위해 노력하며 사는 삶. 인생의 주인공이 되어 나만의 속도와 리듬을 찾아가는 삶이다. 이제는 눈치 보지 않는다. 타인을 덜 의식하게 되었다.

다른 사람을 위한 쇼는 그만하련다. 쇼는 진짜가 아니라 그야말로 보여주기 위한 무대니까. 쇼는 끝났다. 의상을 갈아입고 짙은 화장도 지웠다. 무대 아래의 삶이 진짜다. SNS 속 잘 사는 척에 속지 않는다. 보여주기 위한 화려함 뒤에는 공허함이 남기 마련이니까. 조금 부족하지만 나아지고 있는 나, 지금 이만큼의 나. 없어도 있어도 그 모습 그대로이면 좋겠다.

다른 사람들의 모습을 보며 위축되는 날이 있어요.
때로는 나도 잘 사는 척, 포장을 하곤 했죠.
그러나 화려한 포장지를 벗겨내면
진짜 선물이 나타나듯이

편지 다섯 성찰, 너무 잘하려고 애쓰지 말자

겉으로 보이는 것을 내려놓아야
내 모습이 보입니다.
이젠 있는 그대로의 나로 살아가는 게
가장 편안하고 행복합니다.
화려하지 않아도, 특별하지 않아도요.

당신만의 '공간'은
어디인가요?

자기 책상이 없는 사람은 자기만의 공간을 가진 사람이 이렇게나 많다는 사실에 놀랐고, 아이뿐 아니라 자신도 책상이 필요한 사람이라는 사실에 또 한 번 놀랐다.

『김미경의 마흔 수업』, 김미경

내 '공간'은 식탁이다. 그래서 키친 테이블 글쓰기라고 이름 붙였다. 글쓰기에 조건이 있을까. 밥을 먹고 정리하면 나만의 테이블이 된다. 모두가 잠든 새벽, 작은 불 하나를 밝힌다. 거실에는 혼자뿐이다. 조용히 책을 읽고 글을 쓰는 공간, 바로 키친 테이블이다. 주방은 해야만 하는 일과 하고 싶은 일을 동시에 하는 나만의 공간이다. 나를 기다리는 싱크대의 설거지, 재잘거리는 아이들 소리, 세탁이 끝났다는 알림이 들리는 곳. 일상의 소음과 흔적들 사이에서 글을 쓴다.

완벽한 서재를 꿈꿨던 적도 있었다. 내 책으로 가득 채운

책장과 따스한 조명, 조용하고 아늑한 공간. 그러나 지금 여기에서 쓰는 방법은 키친 테이블 위에서였다. 좋은 조건을 바라지 않기로 했다. 그런 순간은 나를 기다려주지 않으니까. 그래도 꽤 괜찮은 공간이었다. 밥 먹고, 차 마시고, 아이들과 책 읽으며 공부하는 곳에서 내 이야기도 피어난다.

불완전하고 어수선하지만 미루지 않고 시작했다. 글쓰기에 필요한 건 거창한 공간이 아니라 시작하는 마음이니까. 비 내리는 창 너머로 문장이 보인다. 더 이상 떠오르지 않는 순간엔 잠시 멈추고 일어선다. 물 한 잔을 마시며 휴식을 취할 수도 있다. 책상이 아니라 테이블이기에 가능한 여유로움. 내일도 난 이곳에 앉을 것이다. 쓱쓱 닦고 마련한 테이블 위에 따뜻한 커피 한 잔과 함께 책과 노트북을 올려놓는다. 나만의 근사한 공간이 된다.

키친 테이블에서 쓴 글이 모여
어느새 한 권의 책이 되었어요.
완벽한 환경을 기다리지 않고,
지금 여기에서 시작한 덕분입니다.
꿈과 현실이 만나는 곳,
평범한 공간이 특별해지는 순간이지요.

비교는 부질없는
게임이야

자기 바닥은 자기만 안다. 비교는 자신만 아는 바닥과 타인이 보여주는 꼭대기와의 대화다. 여기서 우리가 놓치는 것은 상대도 역시 나와 같다는 것이다.

『김미경의 마흔 수업』, 김미경

SNS를 잘 하지 않는다. 인스타그램도 최근에 시작해서 한 번씩 짧은 글만 올리고 있다. 카톡 프로필 사진도 자주 바꾸지 않는다. 전에는 아이들 사진, 여행 간 사진 등 수시로 바꿨다. 여행을 가면 사진을 찍느라 바빴다. 누군가에게 보여주기 위한 사진을. 지금은 내가 감동해서 찍는다. 그리고 저장해둔다. 순간을 온전히 즐기기 위해서.

다른 이의 행복한 모습에 나의 처지를 비교하고는 했다. 이젠 누군가의 삶을 궁금해하며 기웃거리지 않는다. 나를 따로 떨어뜨릴 수 있다. 가만히 생각해 보니 그 시점은 책을 읽기 시작한 지 1년쯤 지나면서부터였다. 카톡 프로필 사진이 잘 바뀌지 않게 된 시점과 같다. 타인을 의식하던 삶에서 스스로에게 집중하는 삶으로 바뀐 시점이다. 점차 마음의 평화를 얻었다. 내가 누리는 삶에 더 감사하게 되었다.

우리는 자신만 아는 '가장 작고 초라한 부분'과 남들의 '화려하게 포장된 모습'을 비교하곤 한다. 어쩐지 상대적으로 내 불안과 실패, 좌절이 더 크게 느껴진다. 자신이 보는 타인의 가장 높은 곳은 하나의 단면일 뿐이다. 그들의 긍정적인 면만 보고 판단하지 말자. 자신의 미완성을 타인의 완성본과 비교하지 말자. 그 안에는 내가 겪고 있는 것과 비슷한, 혹은 더한 어려움이 있을지도 모른다. 우리는 자신의 모든 과정을 알지만 타인은 보여지는 것만 보고 판단하기 때문이다.

비교는 우리를 작게 만든다. 내가 걸어온 길의 가치를 잊게 하고, 지금 여기의 의미를 흐리게 한다. 스스로에게 집중하는 게 방법이다. 결국 마음이 만든 상처였다. 비교의 늪으로 더 깊숙이 들어가는 것도 나, 해보겠다는 의지를 갖는 것도 나였다. 더 깊은 진흙 구덩이를 만들 것인지, 성장할 기회로 만들 것인지도 내 안에 있는 것이다.

내가 보는 건 하이라이트일 뿐,
그들의 전체 이야기가 아니잖아요.
잊지 말아요.
그들도 나처럼 불완전하다는 걸.
이제는 남과의 비교를 멈추고,
어제의 나랑만 비교할래요.

늘 최선을
다하지 않아도 괜찮다

우리가 은행에 잔고를 남겨두듯이 나의 하루도 남겨둔다. '나'를 최대치로 쏟아부을 수도 있지만, 하루하루 남겨둔 여분의 에너지가 모여 갑작스러운 위기에 맞서는 힘이 된다.

<유 퀴즈 온 더 블럭>, 김영하

살면서 최선을 다하라는 말을 귀에 못이 박히도록 들어왔다. 시험을 볼 때도, 체육을 할 때도, 심지어 취미 생활을 할 때도 허투루 하지 말고 최선을 다하라고 배웠다. 그래서 매 순간 최선을 다하지 않으면 성실하지 못한 것 같은 죄책감마저 들기도 한다. 최선을 다해 집안일하고, 육아하고, 책 읽고, 글 쓰며 살겠다고 말했다. 아이에게도 뭐든 최선을 다해야 한다고, 있는 힘을 다해서 해보라고 말한다.

그러나 매번 최선을 다한다는 게 애초에 가능한 일일까? 항상 모든 일에 온 힘을 다할 수는 없는 거였다. 열정은 중요하다. 하고자 하는 마음이 강해야 원하는 것을 이루기도 더 쉽다. 그러나 그 안에는 위험도 존재한다. 자신을 지나치게 몰아붙여 번아웃을 초래할 수 있기에. 최선은 좋은 말이지만 쉬면 안 된다는 무언의 압박이 숨어 있다. 늘 최선을 다하는 사람일수록 작은 실패에도 크게 흔들린다. 마음이 늘 한계선 위에 있기 때문이다.

 100% 전력을 다해야만 최선일까? 어떤 날은 90%의 힘으로도 벅차고, 어떤 날은 50%만 겨우 짜낼 수 있다. 매일 같은 에너지 레벨을 유지하는 게 오히려 비정상적인 일이다. 한 발짝 물러서서 잠시 숨을 고른다. 여분의 에너지를 남겨 놓는다. '할 수 있는 만큼만이라도 해보자.' 늘 힘이 되는 말이다. 하고자 하는 마음을 북돋아 주고 괜찮다는 위로를 준다. 육아서를 읽으며 모든 것을 다 해보려 최선을 다했더니 결국 주저앉게 되었다. 그렇게 하지 못하는 나를 탓하며. 그러나 할 수 있는 것만 하기로 마음먹으니 마음에 여유가 생겼다. 오히려 하나둘 더 잘해 나갈 수 있었다.

 오늘 나에게 정말 중요한 일은 무엇인가? 친구와의 약속일 수도 있고, 원고 마감일 수도 있고, 행사 준비일 수도 있다. 중요한 건 모든 것에 똑같이 힘을 쏟는 게 아니라 지금 내게 더 의미 있는 것에 에너지를 쓰는 것이다. 설거지를 대충 하고, 청소를 나중으로 미루고, 일정을 수정하는 것은 게으름이 아니라 선택이다. 나의 한정된 에너지를 어디에 쓸지 결정하는 현명한 선택. "할 만큼 했으면 됐어, 괜찮아." 최선을 다하라는 말을 삼킨다. 오늘 최선을 다하지는 못했지만 내일 더 해나갈 의지는 있으니까. 가끔은 스스로에게 주는 여유가 더 나은 결과를 가져오기도 하니까. 지속 가능한 노력을 할 수 있도록.

> 모든 날이 최고일 필요는 없지요.
> 평범한 하루, 조금 부족한 하루도
> 내 인생의 소중한 페이지예요.
> 가끔은 쉬어가는 것도
> 최선을 다하는 방법의 하나랍니다.
> 쉼표도 문장의 일부인 것처럼요.

더 이상 무례함을
참지 않기로 했다

안된다는 말을 하면 주변 사람들이 나를 떠날 줄 알았는데, 오히려 인간관계가 더욱 좋아졌다. 나를 만만하게 생각하고 이용하던 사람들은 떠나갔고, 동등하게 서로 원하는 것을 주고받으려는 사람들은 늘어났다.

『무례한 사람에게 웃으며 대처하는 법』, 정문정

 툭툭 날아오는 가시 같은 말, 농담이라는 말 뒤에 남는 상처. 당연하게 요구하는 말들의 불편함, 나를 존중하지 않는 듯한 예의 없는 말과 행동들. 그 정도는 그냥 넘어가자며 스스로 설득했다. 상대가 불편할까 봐, 분위기가 이상해질까 봐, 그저 웃고 넘기며 아무렇지 않은 척 살아왔다. 참는 게 착한 건 줄 알았다. 그게 배려라고 생각했으니까. 그러나 그렇게 참아온 시간이 나를 만만하게 만들었다.
 착한 친구가 되고 싶었고, 편한 사람이 되고 싶었다. 그러나 나는 만만한 사람이었다. 내가 웃어넘긴 것들은 허락의 의미였고, 선을 넘는 행동을 눈감아주는 건 그래도 되는 사람으로 여겨지게 한 것이다. 무례함을 참는 건 스스로 자신을 존중하지 않는 거였다.

솔직함과 무례함의 차이점이 뭘까? 솔직함은 상대를 생각하며 하는 말이고, 무례함은 담아두지 않고 속 시원하게 내뱉고 마는 말, 자신만 생각하는 말 아닐까? 자기 말에 책임질 수 있는 게 솔직함이라고 생각한다. 내 말이 누군가에게 상처가 되지 않도록. 진실을 말하되 배려가 있는 말이다. 무례함과 솔직함은 다른 거니까.

이제는 더 이상 무례함을 참지 않기로 했다. 누군가의 기분을 맞추기 위해 나를 내려놓지 않기로 했다. 바보같이 웃어넘기지 않을 거다. 정작 나를 무시하게 만든 건 상대가 아닌, '나' 자신이라는 걸 알게 되었기 때문이다.

우리는 충분히 소중한 사람이다. 상대방이 실망할까 봐, 마음 상할까 봐 무례함을 웃어넘기지 말자. 결국 이제야 깨달았다. 자신을 위해 분명한 선이 필요하다는 걸. 착한 사람으로 살지 않겠다는 게 아니라 만만한 사람으로 살지 않겠다는 말이다. 내가 나를 아끼지 않으면 남도 나를 존중하지 않는다는 걸 배웠기에.

이제는 말할 수 있다. 작지만 분명한 목소리로. "그건 지나친 것 같아, 그 말은 좀 불편해." 내가 느끼는 불편함과 상처에 침묵하지 않는다. 스스로 경계를 허물지 않는다. 익숙함이 무례함이 되면 안 되니까. 나를 위해서, 타인과의 건강한 관계를 위해서 더 이상 무례함을 참지 않기로 했다.

어쩌면 나를 무시한 건 나였는지도 몰라요.
다른 사람이 함부로 대할 때
괜찮은 척 웃고 있었으니까요.
그들이 나를 가볍게 본 줄 알았는데,
내가 스스로 그렇게 여긴 거였더라고요.
이제는 압니다.
내가 자신을 소중히 여겨야
다른 사람도 나를 존중한다는 걸.

취향은
'나다움'이다

다품종 대량 생산의 시대가 저물며 '취향'이라는 것은 개인의 무기가 되기 시작했습니다.

『에세이를 써보고 싶으세요?』, 김은경

그동안 남의 취향을 따라가기에 바빴다. 내 눈엔 유명한 게 다 좋은 거였다. 남들이 많이 하는 게 곧 내 취향이 되었다. 그러나 취향은 자신만의 색깔이다. 모두가 좋아하는 색 말고, 내 색깔을 물들이는 것. 다른 사람 눈을 신경 쓰지 않아도 되는 내 공간에 입힌 색깔이다. 특별한 취향이 없는 줄 알았는데 소소한 취향은 있었다. 책을 고를 때 생각이 보이고, 음악을 들으면 마음이 느껴진다. 자주 가는 카페, 즐겨 입는 옷, 시간을 들여서 하는 모든 것에서 내가 보인다.

취향에는 축적된 시간과 기억이 녹아있다. 남에게 보여주기 위한 것이 아니라 스스로 솔직해지는 시간이다. 내가 좋아하는 것을 말할 수 있는 용기, 가장 개인적이면서도 솔직한 표현이다. 누군가가 취향을 묻는다면 이제는 바로 말할 수 있다. 가장 행복하게 하는 것들을 떠올리면 되니까. 특별한 취향 말고 소소한 내 취향을.

흥미로운 건 취향이 고정된 것이 아니라는 점이다. 우리는 살아가며 새로운 것들을 경험하고, 그 과정에서 취향도 함께 변화한다. 예전엔 따분하다고만 여겼던 음악 장르가 어느 순간 마음을 어루만지고, 지루하다고만 여겼던 산책이 소중한 시간이 되기도 한다. 이런 변화는 내가 성장하고 있다는 증거다.

취향은 '나다움'이었다. '이런 게 나'라는 걸 알게 되는 시간이다. 내 흔적이 조용히 배어있는 것, 마음이 좋아서 하는 것. 오래된 마음의 결이 드러나는 방식이다. 마치 나를 완성하는 퍼즐 조각 같다. 하나하나 모아가다 보면 어느새 나만의 그림이 완성된다. 이 그림은 누군가에게는 이해되지 않을 수도 있다. 하지만 그게 바로 나다운 것 아닐까. 나다움으로 사는 것만큼 자유로운 일은 없다.

당신의 취향은 무엇인가? 그 안에 나 자신이 있다.

이게 내 취향인지 헷갈릴 때는
'나를 행복하게 하는가?'를 떠올렸어요.
취향은 내가 누구인지 말해주는
가장 솔직한 언어입니다.
좋아하는 책, 좋아하는 색, 좋아하는 풍경.
이 모든 것들이 모여서
'나'라는 사람을 완성하지요.

자꾸만
멈추려는 나에게

무력감의 늪에서 벗어나려면 어떤 일을 내가 수행할 수 있는 능력이 있다고 여기는 '자기 효능감'부터 일깨워야 한다. 소소하고 일상적인 일부터 스스로에게 권유해 봄 직하다.

『보편의 단어』, 이기주

"계속 쓰는 사람이 이긴다." 왜 그럴까? 꾸준히 계속 쓴다는 게 어렵다는 의미다. 너무 애쓰지 말고, 쓸 수 있는 글을 써보자고 마음먹었다. 그러나 한 번씩 고비가 찾아온다. 글감이 없을 때, 숙제하듯 글을 쓴다는 느낌이 들 때 등 당장 눈에 보이는 것이 없기에 회의감이 들고는 한다. 하나 분명한 사실은 배웠다. 일단 쓰고, 또 쓰고 계속 쓰는 것이 중요하다는걸. 그래야 조금씩 나은 글이 된다는 걸 말이다. 그래서 매일 쓴다. 꾸준히 쓰기 위해 노력한다.

그런데 난 왜 자꾸만 멈추려 하는 걸까. 잘 모르겠다. 왜 이렇게 매번 끝자락에서 멈추고 싶어지는지. 조금만 더 가면 될 것 같으면서도 그 '조금'이 왜 이렇게 멀게만 느껴지는지. 아무도 모르게 매일매일 나와의 조용한 싸움을 하고 있다. '괜찮아, 자꾸 멈추고 싶어도, 그저 오늘은 그런 날이라고 생각하자. 매일 잘할 수는 없는 거니까, 그렇게 더 단단해져 가는 거겠지.' 내가 나에게 해주는 말이다.

글쓰기는 생각을 정리하는 일이고, 자신을 들여다보는 일이다. 나만의 목소리를 갖고 동시에 세상과 연결되는 방법이기도 하다. 중간에 포기하는 사람은 많다. 시간이 없어서, 재능이 없어서, 혹은 쓰는 게 두려워서. 그 모든 이유에도 불구하고 다시 글을 쓰기 위해 손을 움직이는 사람만이 뜻을 이룬다. 누군가는 빠르게 치고 올라가고 누군가는 천천히 길게 통과한다. 글쓰기의 진짜 승부는 시간이기에. 다음 달에도, 다음 해에도 여전히 쓰고 있는 사람만이 결국 얻는다.

오늘도 마음을 다잡는다. 하루 한 줄이라도, 짧은 단상이라도 꾸준히 써본다. 쓰는 사람은 생각하는 사람이고, 결국 성장한다. 멈추고 싶은 마음을 넘어서는 사람만이 계속 쓸 수 있고, 이기는 사람이 된다. 그래서 오늘도 포기하지 않고 작은 흔적을 남긴다. 꾸준한 끝에 승자가 되기 위해서, 멈추지 않는 사람은 언젠가 도착하는 사람이니까.

매일 나와 조용한 줄다리기를 해요.
이기는 날도 있고, 지는 날도 있지요.
그래도 다시 해볼 거예요.
잠시 멈춤은 있어도
포기하지는 않을 겁니다.

다 잘할 수는
없는 거니까

주변의 누군가가 뭔가를 잘하고 있을 땐 "나도 충분히 잘하고 있다."라는 사실을 기억하라. 내게 응원의 메시지를 보내는 게 먼저이며, 내 자존감을 회복시키면 모든 것이 내게로 와서 더욱 단단해질 것이다.

『매일 아침을 여는 1분의 기적』, 김종원

육아와 살림을 둘 다 잘 해내고 싶었다. 하지만 얼마 지나지 않아 깨닫게 되었다. 다 잘할 수 없음을. 둘 다 잘하려는 마음이 나를 더 힘들게 했다. 육아와 살림을 하나로 생각했다. 하지만 엄연히 다른 영역이다. 육아가 고되고 힘들었지만 살림도 참 어려웠다. 무엇 하나 쉬운 것이 없었다. 일하고 육아하며 살림도 잘하는 사람을 보면 대단하다고 생각했다. 마치 슈퍼우먼 같았다. 센스 있는 감각으로 집도 예쁘게 꾸미고, 손 빠르게 요리도 척척 잘하고, 아이들과 책 읽고, 독후활동까지 잘하는 솜씨 좋은 엄마들을 보며 부러운 마음과 함께 주눅이 들었다. 그러나 마음을 다잡았다. 그와 나는 다른 사람이니까.

 내가 할 수 있는 것, 더 중요한 것에 집중하기로 했다. 선택과 집중이 필요하다. 집안일이 늘 마음에 걸렸지만, 아이의 반응을 놓치고 싶지 않았다. 꼭 해야 하는 일만 최소한으로 하며 체력을 아껴서 그 힘을 아이에게 쏟았다. 아이와 눈 한 번 더 맞추며 놀아주고, 책 한 권 더 읽어주는 것이 중요하다고 생각했다. 어질러진 집을 보면 심란해서 저절로 한숨이 나오긴 했다. 불편한 마음이 올라올 때면 스스로 위로했다. 아이들이 더 크고 여유가 생기면 그땐 얼마든지 깨끗하게 정리하며 살 수 있을 거라고. 아이와의 시간에 더 집중하기로 마음먹고 나니 한결 마음이 편안해졌다.

 다른 엄마의 모습을 흉내 내려고 했다. 그러나 엄마라는 역할도 결국 내 안에서 나올 수밖에 없는 거였다. 다 잘하는 엄마가 좋은 엄마는 아닐 것이다. 조금 어설프고 부족하더라도 반성하고 노력하며 어제보다 나아지는 엄마이면 되는 것 아닐까. 이리 기웃 저리 기웃 자꾸만 작아지지 말고, 내가 할 수 있는 것에 집중한다.
 이 마음을 아이에게도 적용해 본다. 옆집 아이가 잘하는 것을 우리 아이가 못한다고 속상해할 필요 없다. 영어 잘하는 그 아이는 축구를 못하고, 수학 잘하는 저 아이는 피아노를 못 친다. 아이마다 재능은 다르다. 우리 아이에게도 잘하는 게 분명히 있을 것이다. 못하는 걸 채워주려고만 하지 말고, 잘하는 걸 더 잘할 수 있게 도와줘야겠다. 다 잘할 수는 없으니까.

> 모든 일을 다 잘할 수도 없고,
> 그럴 필요도 없는 거였어요.
> 다 잘 해내기 위해 애쓰다가
> 정작 소중한 행복을 놓치게 되지요.
> 조금 서투르고 느려도
> 나만의 속도와 방향으로 나아갑니다.
> 좋은 엄마, 좋은 아내, 좋은 친구,
> 좋은 딸(며느리)이기 이전에
> 좋은 내가 되는 게 먼저니까요.

진짜 평온한 삶은 무엇일까?

인간에게 필요한 것은 어떻게 해서든지 긴장에서 벗어나는 것이 아니라 앞으로 자신이 성취해야 할 삶의 잠재적인 의미를 밖으로 불러내는 것이다.

『빅터 프랭클의 죽음의 수용소에서』, 빅터 프랭클

아무 일도 일어나지 않는 하루. 마음 졸일 필요도, 애쓸 필요도 없이 그저 어제와 똑같이 흘러가는 평온한 시간. 늘 그런 날이었으면 좋겠다고 생각했다. 아무 갈등도, 부담도, 불안도 없는 하루. 복잡한 일을 해결하지 않아도 되고 그래서 아무 책임도 없는 그런 나날. 주어진 틀 안에서 아늑한 그런 삶.

그런데 그게 과연 진짜 평온일까? 위험은 피할 수 있지만 아무런 변화가 없는 삶이다. 긴장이 없으면 편안할 것 같지만 점점 무기력해질 수밖에 없다. 영화나 스포츠 경기도 긴장감이 없으면 재미없고 지루하듯 말이다. 아무런 걱정 없이 살아가는 것만으로 채워지지 않는 무엇이 존재한다. 무언가를 이루고 싶다는 마음, 더 나은 내일을 만들고 싶다는 의지, 끝까지 해보겠다는 다짐이 적당한 긴장감을 만든다. 의미 있는 도전을 하며 배우고 성장해야 내면이 단단해지고, 그 과정에서 삶의 의미를 느낄 수 있다. 의미를 찾아 움직이고, 스스로 가치를 부여한 목표를 향해 나아갈 때 비로소 나의 삶을 살아갈 수 있다.

나에게 필요한 것은 단순히 평온한 날이 아니었다. 멈춰 있는 마음으로는 지속될 수 없다. 흔들림 속에서 피어나는 깨달음, 불안함 속에서도 나아가려는 마음, 기꺼이 감내하는 긴장감이 생동감 있는 삶을 만든다. 진짜 평온은 아무 일도 없는 상태가 아니라, 긴장감 속에서도 나를 잃지 않는 힘에서 비롯되는 거였다. 어쩌면 삶이란, 긴장과 안정 사이에서 끊임없이 균형을 찾아가는 여정인지도 모르겠다.

평온은 문제가 사라질 때 오는 게 아니었어요.
문제와 함께 살아가는 법을 배울 때 찾아오지요.
폭풍우 치는 바다 위에서도
중심을 잃지 않는 등대처럼.

혼란스러운 일상에서도
나만의 리듬을 지켜나가는 것입니다.

하루는 '반성문', 다음 날은 '계획표'

하루는 반성문을 쓰고 다음 날 계획표 쓰는 게 인생이랬나. 서툴고 거칠더라도 내 느낌과 생각을 지속적으로 표현한다면 아이의 삶을 북돋우는 엄마의 언어가 만들어지겠지.

『쓰기의 말들』, 은유

무심코 내뱉는 비교의 말들, 아이를 단정 짓는 표현들, 아이의 마음을 위축시키는 날카로운 어조들. 이 말은 아이의 자존감을 갉아먹고, 나를 죄책감에 잠 못 들게 했다. 독서는 이런 오염된 언어의 늪에서 스스로를 건져 올렸다. 책에서 만나는 위로와 따뜻한 표현이 좋았다. 육아서뿐 아니라 내가 읽는 모든 책이 내 마음과 언어의 크기를 키워 주었다. 글쓰기는 혼란스러운 감정을 정리하는 도구다. 아이와의 하루를 돌아보며 반성문을 쓰듯 일기를 쓰고, 내일을 위한 계획을 세우기도 했다. 그리고 점차 이해하게 되었다. 무엇이 나를 화나게 하는지, 불안하게 하는지.

그러나 아직 미완이다. 지금도 여전히 갈팡질팡 중이다. 이렇게 하는 게 맞는지, 저렇게 하는 게 맞는지 아직도 잘 모르겠다. 잘 안다고 생각했던 것들도 어느 순간 통째로 흔들리기도 하니까. 그동안 독서의 중요성을 강조하고, 아이의 먼 미래를 보며 천천히 조금씩 가면 된다고 마음을 다잡아왔다. 그러나 아이의 성적에 일희일비하며 휘청거린다. '이게 맞나? 독서에 더 집중하는 게 맞나?' 확고했던 마음이 일렁인다.

때로는 예상치 못한 상황에서 불쑥 욱해 버리기도 한다. 끊임없이 개선해 나가는 과정이다. 그럴 때 "엄마도 화가 나서 소리를 질렀어, 미안해."라고 솔직하게 말한다. 서툴고 거칠더라도 실수를 인정하고 진정성 있게 사과한다. 독서와 글쓰기를 통해 다듬어진 언어는 나 자신을 위한 것이기도 하다. 더 나은 언어를 사용하려는 노력은 나를 성숙한 사람으로 만들어 준다. 자연스럽게 아이와의 관계도 건강해진다. 불안감이 올라와도 다시 마음을 다잡을 수 있다. 나는 아직도 서툴다. 완벽한 엄마도, 따뜻한 말만 하는 사람도 아니다. 하지만 꾸준히 내 느낌과 생각을 글로 표현하면서 배운다.

아이가 자라는 만큼 내 언어도 자라고 있다. 오늘도 나는 책을 읽고 글을 쓰며, 아이에게 들려줄 따뜻하고 지혜로운 말들을 준비한다.

> 누군가는 나를 비웃을지도 모르겠어요.
> 왜 맨날 실패하는 일을 반복하냐고요.
> 그래도 합니다.
> 다시 또 해보자고 다짐하면 돼요.
> 어제를 반추하며 반성문을 쓰고,
> 내일을 꿈꾸며 계획표를 씁니다.
> 이게 바로 인생이지요.

나는 이미 충분히
잘 달리고 있다

정보와 마찬가지로 인생과 지식을 탐구하는 데 있어 너무 빠르고 허술하게 혹은 너무 천천히 진행하다 보면 진정한 의미를 찾는 데 어려움을 겪을 수 있습니다. 남들과 비교하지 않고 자신만의 속도로 삶의 의미와 가치를 찾고 진리를 탐구하는 것이 중요합니다.

『파스칼 인생공부』, 김태현

고속도로를 달리다 보면 나도 모르게 속도를 내게 된다. 뒤차를 의식하면서. 크루즈 기능으로 속도를 맞춰 놓고도 서서히 올린다. 내가 가는 속도가 느린 게 아닌데도 그렇게 느껴지더라. 바깥 차선으로 이동했더니 이번엔 앞차가 너무 느리게 가는 것 같아 답답했다. 이내 다시 차선을 변경한다. "그냥 네 속도로 가, 왜 자꾸 빨리 가려고 해?" 보다 못한 남편이 한마디 했다. 주변을 의식하느라 안전속도를 유지하지 못했다. 뒤차 눈치를 보며 괜한 조급증이 생기고.

그러나 이미 나는 충분히 빨리 달리고 있었다. 더 속도를 내면 과속일 뿐이었다. 결국 마음 편하게 다시 바깥 차선으로 옮겼다. 안전하게 빨리 가는 게 더 중요하니까. 일상에서도 그랬다. 괜히 뒤처지는 것 같아 걸음을 재촉한다. 더 많은 일을 해내려고 애쓴다. 고속도로에서 안전속도가 있듯 인생에도 각자의 안전속도가 있지 않을까. 남들을 의식하며 무리해서 속도를 올리다 보면 사고가 날 수 있다. 남들이 좀 추월해 가더라도 괜찮다. 그들에게는 그들의 목적지와 사정이 있을 테니. 나는 나만의 길을 가면 되는 거다. 평소 내 차의 엔진 상태를 살피고 내가 갈 수 있는 속도는 얼마인지, 연료는 충분한지 체크하며.

나는 충분히 잘 달리고 있었다. 남의 속도가 그걸 잊게 만든 것뿐이다. 중요한 건 상황에 맞는 속도다. 때로는 과감하게, 때로는 신중하게. 그 균형을 찾는 것이 운전의 기술이자 인생의 지혜다. 안전하게 목적지에 도착해야 하니까.

삶의 핸들은 내가 잡고 있어요.
조급한 마음을 내려놓으면
급가속도, 급브레이크도 필요 없지요.
빠른 길이 항상 좋은 길은 아니잖아요.

때론 돌아가는 길에서 소중한 풍경을 만나기도 하니까요.
내 속도로 가고 있다면 그걸로 충분합니다.

편지 여섯

희망

―

동트기 전 어둠을 잘 지나가면

> 밤이 길어도 새벽은 옵니다. 그동안 힘든 날도 있고,
> 버거운 날도 있었지요. 하지만 그런 날들이 모여 나를 만들었어요.
> 어둠이 좀 길어도 괜찮아요. 이제 곧 밝은 아침을 만날 거니까요.
> 분명 찬란한 내일로 다가올 겁니다. 천천히, 소리 없이 말이죠.

주어진 인생을
잘 살아 보고 싶어

항상 주어진 일 앞에서 우리는 갈등합니다. '지금 일어나서 저 일을 해야 하는데'와 '아, 그냥 지금 더 쉬고 싶다' 사이의 갈등이죠. 마음 안에 '부지런한 개미'와 '게으른 베짱이'가 있다고나 할까요?

『할 일은 많지만 아직도 누워 있는 당신에게』, 이광민

베짱이처럼 게으르고 무기력하지만, 개미처럼 치열하게 살기도 한다. 지금 저 일을 해야 한다고 생각하면서도 미루고 미루다 임박해서 쫓기듯 겨우 하게 된다. 보통 집안일이 그렇다. 그럼, 마음이 불편하다. 책을 붙잡고 있으면서도 집중하지 못하고, 글을 쓰면서도 마음이 불안하다. 하기 싫지만 꼭 해야 하는 일을 미리 끝내 놓고, 생산적인 일을 하는 날은 홀가분하고 가벼운 마음이 된다. 스스로 만족감이 크다. 반면 미루기만 한 날은 자괴감에 괴롭다. 해야 할 일은 쌓여 있는데 마음은 자꾸 다른 곳으로 향한다. 때로는 개미

편지 여섯 희망, 동트기 전 어둠을 잘 지나가면

가 이기고, 때로는 베짱이가 이긴다. 잘 알면서도 고쳐지지 않더라.

주어진 인생을 잘 살아 보고 싶다. 그래서 이런저런 시도를 하며 다르게 살아보고자 노력한다. 그러려면 기본이 잘 지켜져야 한다. 기본이 바로 세워져야 중심이 잡히고 나아갈 길이 생길 터였다. 이론은 잘 안다. 실천이 문제다. 자신의 자리에서 ~답게 산다는 건 참 어려운 일임을 나이 들수록 더 느끼게 된다. 어리숙한 내가 성장하려니 어려움이 많다. 그러나 너무 자책하지는 않으려 한다. 오늘 베짱이에게 졌다고 내일도 지는 건 아니니까. 계속 갈등하고 있다는 건 나아가고 있다는 뜻이니까. 마음속 두 친구와 평화롭게 공존해 가는 방법을 배운다. 개미의 목소리에 귀 기울여 부지런히 일하고, 베짱이의 속삭임에 충분히 쉬어주기도 하면서. 그렇게 인생을 잘 살아 보고 싶다.

개미만 있다면 세상이 너무 숨 막힐 것 같고,
베짱이만 있다면 아무것도 이룰 수 없을 것 같아요.
때로는 개미처럼, 때로는 베짱이처럼 살면 어때요?
그 사이에서 맞춰 가는 게 인생 아닐까요.
오늘은 개미였나요, 베짱이였나요?

여행은
서서 하는 독서

삶의 터전을 잠시 떠나는 건 여러모로 의미가 있다. 여행자는 낯선 길에서 걸음을 뗄 때마다 새로운 사람과 풍경을 만난다. 그 과정에서 '새로운 나'를 마주한다.

『언어의 온도』, 이기주

나는 지금까지 너무 촉박한 여행을 했다. 빠르게 이동하며 한 곳이라도 더 가기 위해, 사진 한 번 더 찍으려고 하기 바빴다. 시간이 아까웠기 때문이다.

그러나 최근 여행에서는 시간이라는 사치를 누렸다. 아무 계획 없이 공원에 앉아 사람들을 바라보고, 뷰 좋은 카페에서 커피를 마시며 책을 읽는다. 바다가 보이는 창가에 앉아 해넘이를 보는 것은 또 하나의 행복이다. 이젠 구석구석 다 돌아봐야 한다는 강박이 없어졌다. 시간이 전혀 아깝지 않다. 풍경 좋은 창가에 앉아 1시간을 머물러도 괜찮다. 여기저기 많은 곳을 가기 위해 타이트한 계획을 잡지 않고, 한두

군데만 정해서 여유 있게 돌아본다. 맛있는 것 많이 먹고, 느긋하게 힐링하는 여행이 더 좋다. 책을 필사하며 천천히 읽듯 여행도 느긋하게 한다. 낯선 길을 걸어보고, 현지 일상을 엿보는 재미도 있다. 그들에게는 평범한 일상이 나에게는 특별함으로 다가온다.

낯선 곳에서는 일상에서 보지 못한 풍경과 감정을 느낄 수 있다. "행복하게 여행하려면 가볍게 여행해야 한다." 생텍쥐페리의 말처럼 내 마음도 가벼워져서일까? 여행은 나를 너그럽게 해준다. 아이를 좀 더 이해하고 보듬어 줄 수 있다. 더 다정한 엄마가 된다. 저녁을 먹고 숙소로 돌아와 각자 가장 편안한 자세로 널브러져 책을 읽는다. 여행을 더 풍요롭게 해주는 시간이다.

일상에서도 여행하듯 지내보면 어떨까? 여행하듯 읽고, 독서하듯 다니며 필사하듯 마음을 담아 느리게 걷는 여행. 어디로 가는가보다, 어떤 마음으로 다니는가가 중요하다는 걸 다시금 느낀다. 여행에서도, 일상에서도 천천히 나아가는 법을 배우는 중이다.

시계를 보지 않는 하루.

일정표 없는 여행.

마음이 이끄는 대로 걸어봤어요.

새로운 풍경에서 새로운 나를 만납니다.

책을 읽듯 마음에 담아둡니다.

일상을 여행하듯 마음으로 읽어요.

읽고 싶은
설렘을 만난다

깊이 있는 문장은 그윽한 문향을 풍긴다. 그 향기는 쉬이 흩어지지 않는다. 책을 덮는 순간 눈앞의 활자는 사라지지만, 은은한 문장의 향기는 독자의 머리와 가슴으로 스며들어 그곳에서 나름의 생을 이어간다.

『글의 품격』, 이기주

무심코 집어 든 책에서 설렘을 만난다. 책을 주문하고 기다리는 동안 빨리 읽고 싶은 설렘을 느낀다. 페이지를 넘길 때마다 느껴지는 낯섦과 익숙함의 오묘한 떨림. 단어 하나, 문장 하나에 시선이 머문다. 어쩌면 이 책에 내가 원하던 답이 숨어 있을지도 모른다는 기대감, 내 마음은 어느새 시선을 따라 움직인다. 그렇게 천천히 발걸음을 뗀다. 마치 잘 모르는 세상의 문을 여는 것처럼.

낯선 이야기에서 오래된 기억을 깨우고, 잊고 지낸 추억을 만난 듯 마음속에 작은 파도가 일어난다. 늦은 밤 아이를 재우고 처음 책을 읽던 날, 두근두근 그날의 떨림을 잊을 수가 없다. 아픈 아이를 위해 내가 할 수 있는 게 있겠다는 생각에 설레고 벅차올라서 잠을 이룰 수 없었다. 육아서 말고 나를 위한 책을 처음 읽던 날은 세상이 다르게 보였다. 전혀 몰랐던 세계였다. 나를 더 좋은 사람으로 만들어줄 것만 같은 희망을 느꼈다.

책은 마치 거울 같았다. 나도 잘 모르는 모습을 비춰주었다. 내 안의 목소리를 들려주었고, 외면하던 감정을 알려주었다. 상처를 대면하며 위로하고, 나를 사랑할 수 있었다. 그리고 미래를 꿈꾸게 되었다. 이제 명품 백보다 책이 더 좋다. 가방 살 때보다 책 살 때 더 설렌다. 고급스러운 나보다 품격 있는 내가 더 좋다. 오늘도 어김없이 책을 펼친다. 어딘가에 기다리고 있을 문장 하나를 찾기 위해, 그 설렘을 만나기 위해.

> 책을 읽다가 느낀 예상치 못한 설렘이
> 평범한 하루를 특별하게 만들어줍니다.
> 마치 누군가 내 이야기를 써놓은 것 같았죠.
> 설렘 가득한 마음으로 다음 페이지를 넘겨요.

책과의 인연도 사람과의 인연처럼 소중해집니다.
오늘의 우연한 만남이 참 감사해요.

미라클 모닝
or 슬로우 모닝

만약 우리들이 내적인 정기에 의해서가 아니라 하녀의 기계적인 손길에 흔들려 눈을 뜬다면, 요컨대 잠자리에 들 때보다 더 높은 삶을 향해 눈을 뜨는 것이 아니라면 그날 하루에서 많은 것을 기대할 수는 없으리라.

『월든』, 헨리 데이비드 소로

나만의 시간을 갖기 위해 새벽 5시에 일어난다. 벌써 7년째가 되었다. 이런 습관을 갖게 된 계기는 할 엘로드의 『미라클 모닝』을 읽게 되면서부터였다. 아침을 일찍 시작하며 가장 좋은 점은 하루를 서두르지 않고 여유 있게 시작할 수 있다는 것이다. 나를 위해 생산적인 활동을 미리 할 수 있다. 『미라클 모닝』을 읽고 시작한 새벽 기상이지만, 의미는 슬로우 모닝에 더 가깝다. 그럼, 미라클 모닝과 슬로우 모닝의 차이점은 뭘까?

미라클 모닝은 이른 아침에 일어나 자기 계발을 위해 명상, 확언, 시각화, 운동, 독서, 글쓰기 등의 활동을 하는 걸 말한다. 성공적인 삶을 위한 특별한 습관을 만드는 것에 중점을 둔다. 남들보다 먼저 일어나 운동하고, 책 읽고, 명상하며 자신을 단단하게 다듬는 시간. 그런 아침엔 성취감이 따라온다. 하루를 주도하는 마음으로 활기차게 시작한다. 한편, 슬로우 모닝은 서두르지 않는 느긋한 아침을 맞이하는 것이다. 출근, 육아, 등교 준비로 정신없이 쫓기듯 하루를 시작하는 게 아니라 몸과 마음을 챙기고 나를 돌보며 여유롭게 시작하는 아침이다. 재촉하지 않는 아침. 따뜻한 물 한 잔을 마시며 창밖을 보고, 마음을 가다듬는 시간. 그건 느림이 아니라 스스로를 회복시키는 여유다.

같은 듯 다른 아침의 시작, 이 2가지의 루틴은 추구하는 목표와 방식에 차이를 보인다. 미라클 모닝은 목표 의식을 갖고 체계적인 계획을 세운 자기 계발을 위한 목적이라면, 슬로우 모닝은 천천히 여유로운 하루를 시작하는 데 중점을 둔 차분한 활동을 말한다. 주로 심리적인 안정을 돕는 목적을 갖는다. 2가지 습관 모두 미래를 위해 나만의 시간을 갖는 건 같지만 그 의미가 조금 다를 뿐이다. 미라클 모닝이 삶을 움직이게 한다면, 슬로우 모닝은 삶을 단단하게 만든다.

아침의 형태는 달라도 괜찮다. 중요한 건 '오늘 하루를 어떻게 살고 싶은지' 그 마음의 방향이니까. 나에게 맞는 방법으로 평소보다 하루를 조금 일찍 시작해 보는 건 어떨까? 각자의 리듬으로 평온하고 행복한 아침을 맞이했으면 좋겠다.

바쁜 세상에서 나만의 속도로 흘러가는 아침.
그 시작이 하루를 평안하게 해주죠.
오늘도 천천히, 온전히.
매일의 작은 루틴으로
조금씩 더 나은 내가 되어가는 중이에요.
서두르지 않는 아침이 선물해 주는 것들입니다.

삶의 변화가
필요한 시점

　더는 견딜 수 없게 되었을 때, 우리는 상황의 변화를 기대한다. 그러나 이 세상 그 누구도 가장 중요하고, 가장 효과적인 변화인 자기 자신의 태도를 바꿔야 한다는 인식은 쉽게 가지지 못한다.

『내 언어의 한계는 내 세계의 한계이다』, 김종원

　아무 일도 없는 데 유난히 지치는 날, 대수롭지 않게 넘기려 해도 점점 무기력해지는 날이 있다. 남들은 모르는 자신만 느끼는 답답함. 겉모습은 멀쩡해 보여도 내 안의 어딘가가 삐걱거리고 있다는 신호였다. 반복되는 일상의 무료함, 서서히 스며드는 공허함, 미세한 흔들림에 나는 조금씩 휘청거렸다. 엄마, 아내, 딸, 며느리만 있고, '나'라는 사람이 없어진 느낌, 불현듯 불안해졌고, 갑자기 서글퍼졌다.

　변화의 필요성을 느끼는 순간은 대개 조용히 찾아온다. 어느 평범한 아침, 거울 속의 내 모습을 보며 '이게 내가 원하던 삶인가?' 하고 문득 생각하는 그런 순간. 변화의 타이밍을 아는 것도, 어떤 변화가 필요한지 파악하는 것도, 실행에 옮길 용기를 내는 것도 모두 내 몫이다. 나만 알 수 있고 나만이 할 수 있다. 중요한 건 내 안의 목소리에 정직해지는 것이다. 내가 진정으로 원하는 것이 무엇인지 스스로에게 솔직하게 묻는다.

만약 누군가가 변화가 필요한 시점이라며 책 읽기를 강요했다면, 진심으로 읽고 실천할 수 있었을까? 내 마음이 움직여야 가능한 거였다. 절실함이 있어야 변화할 수 있다. 마음속 깊은 곳에서 이대로는 안 될 것 같다는 생각이 자꾸만 떠오를 때, 이제는 달라져야 한다고 느껴질 때, 그럴 땐 주저하지 말아야 한다. 그게 바로 인생의 흐름을 바꾸는 시점이 되니까. 삶을 움직이는 변화는 커다란 결심에서가 아니라 간절한 마음에서 시작된다. 더 잘 살고 싶은 마음, 더 나은 나로 살고 싶은 마음에서. 세상이 아무리 괜찮다고 해도 내 안에서 울리는 작은 목소리를 가볍게 넘기지 않길 바란다. 작게라도 용기 낸 사람에게만 다음 길이 보인다.

결심은 머리가 하는 것이고,
절실함은 마음이 하는 거예요.

마음이 원해야 변화가 시작됩니다.
절실함은 하지 못할 것 같은
두려움도 이겨낼 수 있지요.
지금 당신의 간절함은 무엇인가요?
작게라도 한 걸음, 용기 내기를 바라요.

'어떻게'보다
'무엇을'

흰색 토요타를 다음 차로 낙점하기 전에는 실제로 본 기억이 별로 없는데 내가 결정을 하고 나니까 무슨 조화인지 그새 폭발적으로 늘었다. 차종이 무엇이든 내가 사는 순간 흔해진다.

『결국 해내는 사람들의 법칙』, 앨런 피즈·바바라 피즈

할 수 있다는 마음으로 먼저 원하니까 눈에 띄는 것들이 있었다. 책을 쓰겠다는 결심을 하고 나니 예전에는 몰랐던 길이 보였다. 어떻게 쓸 수 있을까를 먼저 생각했다면 다음으로 넘어갈 수 없었을 것이다. 무엇을 원할지 정한 그 순간부터 세상이 조용히, 그러나 분명하게 힌트를 주기 시작했다. 무심코 스친 책 한 구절이, 아무 생각 없이 본 영상 하나가, 우연히 본 블로그 글 한 편이 길을 열어주었다. 목표와 관련된 사람을 만나며 뜻밖의 기회가 찾아왔다. 그냥 우연이었을까? 아니다. 무의식이 그런 기회들을 포착할 수 있도록 민감도를 높였기 때문이다.

우리는 '어떻게'에 갇힌 채 '무엇'을 잃어 버린다. 방법론을 먼저 찾기 바쁘다. 그러나 방법은 도구일 뿐이다. 무엇을 만들지 명확히 할 때 도구를 잘 사용할 수 있다. 그런데 대부분 도구부터 마련하려 한다. 완벽한 계획표, 검증된 방법, 성공한 사람들의 노하우. 그것들이 나를 움직이게 해줄 거라 믿으며. 하지만 행동할 수 있게 해주는 본질은 욕망이다. 진심으로 원해야 방법도 따라온다. 정확히 원하면 서툰 방법으로도 앞으로 나아간다. 반대로 원하는 것이 불분명하면 아무리 좋은 방법도 무용지물이다.

무엇을 원할지를 명확히 하면 놀라운 일이 일어난다. 보이지 않던 길이 보이기 시작한다. 갑자기 책에서, 대화에서, 인터넷에서 관련된 정보들이 눈에 띄기 시작한다. 우연을 가장한 필연처럼 무의식이 지속적으로 정보를 처리하고 연결고리를 찾아준다. 방법을 고민하기 전에 먼저 원해보자. '어떻게'에 대한 걱정은 내려놓고 가능성에 열린 마음을 유지하며. 자신의 무의식을 신뢰하고 분명하게 바라는 게 중요하다. '나는 어디로 가고 싶은 걸까.' 조용히 묻는다. 마음이 향한 곳에 길이 열린다.

"정말 가고 싶은 곳이 어디인가요?"
길은 항상 우리가 원하는 곳을 향해 있어요.
마음이 명확해져야 발걸음도 확실해집니다.
내비게이션도 목적지를 입력해야 길을 안내해 주지요.
인생도 마찬가지 아닐까요?
내 마음이 향하는 곳을 먼저 찾아보세요.

성공의 이면에
감춰진 진실

이 나무는 여기 산비탈에 외롭게 서 있네. 이 나무는 인간과 짐승들을 굽어보며 높이 자랐어. 이 나무는 말을 하고 싶어도 자기 말을 알아듣는 자가 없을 거야. 그만큼 높이 자란 거지.

『차라투스트라는 이렇게 말했다』, 프리드리히 니체

노력 끝에 목표를 이루면 기쁘고 행복하기만 할 것 같은데, 현실은 마냥 그렇지만은 않은 모양이다. 성공만을 좇아 앞만 보고 달리지만 결국 그곳에 도착하면 허무함과 불안함, 외로움이 생기는 경우가 많다. 주변 사람들은 성공했다며 부러워하지만 정작 본인은 말 못 할 어려움을 겪는다. 왜 이런 감정이 찾아오는 걸까? 이러한 현상을 '플라토 신드롬'이라고 한다. 플라토는 고원의 평지를 뜻한다. 고원까지 올라가는 동안엔 목표가 있어서 어떠한 어려움도 극복하며 최선을 다하지만, 막상 성취한 이후에는 마음의 위기를 겪는다는 것을 뜻한다. 목표를 달성하고 보니 그간 소홀했던 가족, 친구와도 멀어지는 것 같아 외로움이 커지기도 한다.

얼마 전 방송에서 HOT 토니안이 그동안 겪어온 우울증에 대해 고백했다. 토니안은 교복 사업과 엔터테인먼트 사업으로 대성공을 거두며 상당한 부를 얻었다. 하지만 삶의 무게도 함께 커졌다. 대표가 된 이후 주변 사람들과의 관계가 점점 소원해졌고, 힘든 마음을 털어놓지 못한 채 자신을 더 고립시켰다. 형, 동생으로 가깝게 지내던 매니저와도 상하관계로 깍듯해지며 인간적인 관계가 점점 사라지고, 모든 걸 짊어져야 한다는 강박에 시달렸다.

꿈을 이룬 후 밀려오는 공허함과 방황에서 벗어나려면 어떻게 해야 할까? 인지 심리학자 김경일 교수는 목표와 꿈이 다른 것이라며 이렇게 말했다. "목표는 꿈을 이루는 하나의 도구예요. 꿈은 끝이 있으면 안 됩니다. 꿈을 위해 또 다른 목표를 세울 수 있는 겁니다." 꿈을 이루었다고 끝이 아니라 계속해서 창조적인 목표를 세우는 것이다. 다음 행동, 다음 행보를 위해 걸음을 옮긴다.

올라가는 과정에서 진정으로 중요한 것이 무엇인지 한번 생각해 볼 필요가 있다. 정말 그곳에 오르기만 하면 자유와 풍요는 저절로 따라오게 될까? 지금 이곳에서 만족하지 못하고 감사함을 모르면 목표를 이루고 성공하더라도 그 기쁨과 행복을 오래 유지하지 못한다. 이루는 과정에서 즐길 수 있어야 한다. 사랑하는 가족, 소중한 친구와 함께하지 못한다면 바라던 성공을 한들 무슨 의미가 있을까.

목표를 향해 달리는 건 좋지만
너무 앞만 보고 달리지는 말아요.
지금 여기에서 감사하지 못하는 마음으로는
어디에 가도 만족하지 못해요.
진정한 성공은 과정에서 배우는 태도였어요.
지금 소중한 것들을 놓치면 안 되잖아요.

나와 조우하는 방법

이 세상 모든 책들이 그대에게 행복을 가져다주지는 않아. 하지만 가만히 알려주지. 그대 자신 속으로 돌아가는 길.

『헤르만 헤세의 책이라는 세계』, 헤르만 헤세

책이 준 가장 큰 선물은 바로 자신이었다. 잃어 버린 나, 잊고 지낸 나를 찾게 되었다. 책이 답을 주지는 않는다. 다만 그곳으로 가는 길을 알려준다. 익숙한 경험을 만나고, 비슷한 감정을 느낀다. 새로운 것이 아니라 이미 내 안에 있는 걸 보여준 것뿐이다. 재미와 즐거움으로 읽지만, 그 안에서 위로와 용기, 힘을 얻는다.

독서는 분명 타인의 생각을 읽는 행위인데, 어느 순간 내 마음속 가장 깊은 곳의 목소리를 듣게 된다. 작가가 써 내려간 문장을 읽으며 "맞아, 나도 그랬어."라고 생각하는 순간 나는 비로소 무엇을 갈망했는지, 무엇을 두려워했는지 알게 된다. 흥미롭게도 책 속 인물에게 공감하지 못할 때 더 많은 것을 배운다. "나라면 절대 저렇게 하지 않을 텐데."라고 생각하는 순간, 내 가치관을 확인한다. 무엇을 소중히 여기는지, 어디까지 허용할 수 있는지 명확히 알게 된다.

오늘도 스마트폰을 내려놓고 책을 읽는다. 온전히 나와 마주하는 그런 순간, 고요한 시간이 참 좋다. 한 문장, 한 구절이 버팀목이 되어주었다. 지식 향상이 되었는지는 모르겠다. 하지만 마인드는 참 많이 달라졌다. 가능성에 열린 마음으로. 책이라는 세계를 만나서 얼마나 다행인가. 문득 아찔해진다. 더없이 소중하고 특별한 행복감이다. 삶을 단단히 부여잡고, 스스로를 다잡기 위해 거듭하여 읽는다. 성숙해지기 위해, 또 다른 나와 조우 하기 위해서.

이 특별한 행복감을 어떻게 표현할 수 있을까요.
잡념도, 걱정도 잠시 내려둔 채
책 속에서 만난 문장이 내 마음 깊숙한 곳을 채워줘요.
"오늘은 또 어떤 나를 만나게 될까?"
이 순간만큼은 천천히, 깊이 호흡합니다.

삶을 빚어내는
긍정 스토리텔링

우리 삶에서 벌어지는 다양한 사건들에 대해 어떠한 방식으로 스토리텔링 하느냐는 곧 그 사람이 지닌 신념 체계에 의해서 결정된다. 이 신념 체계는 우리가 어떠한 스토리텔링을 하느냐를 결정짓는 기본적인 마음 습관이다.

『회복탄력성』, 김주환

일어나지도 않은 일로 미리 걱정하고 스트레스 받고는 했었다. 그러나 그건 내가 만든 스토리일 뿐이었다. 삶은 내가 만들어낸 이야기다. 경험과 기억은 내가 선택하고 의미를 부여해서 만든 스토리다. 그렇게 자신도 스토리텔링에 의해서 만들어진다. '긍정적으로 생각하기.' 내 삶에 꼭 필요한 문장이 되었다. 이젠 부정적인 스토리를 만들다가도 알아차리고 멈출 수 있다.

같은 이야기도 어떻게 말하느냐, 어떻게 받아들이냐에 따라 전혀 다른 의미가 된다. 이 경험을 통해서 배울 게 있다고 생각하는 순간 결국 의미 있는 일이 된다. 받아들이는 방식이 달라져야 한다. 실수를 자책하기보다 과정에서 알게 된 것들에 감사할 수 있다. 슬픔도 희망의 언어로 풀어낸다. 긍정적인 스토리텔링은 있는 그대로의 현실을 마주하되 그 안에서 희망을 놓지 않는 태도다. 어려움을 마주할 때, 왜 나에게만 이런 일이 생기는가를 한탄하거나 자책하지 않는다. 얼마든지 누구에게나 생길 수 있는 일이니까.

'앞으로 더 잘되려고 그러나 보다'라고 스토리텔링 하려고 노력한다. 삶은 예측할 수 없는 전개로 가득한 이야기다. 예상 못 한 순간을 마주하며, 내가 그리던 결말이 아닌 다른 방향으로 흘러가기도 한다. 그러나 긴 이야기의 한 조각일 뿐이다. 삶에서 겪는 실수와 아픔은 자신의 이야기가 되고, 이 이야기를 어떻게 풀어낼지는 내 선택에 달려있다. 긍정의 시선으로 풀어내는 스토리는 누군가에게 작은 위로와 용기를 줄 수 있다. 그리고 무엇보다 스스로에게 가장 큰 힘이 된다. 과연 나의 오늘은 어떤 이야기로 기억될까?

실패했다고 말할 수도 있고,
배웠다고 말할 수도 있어요.

같은 이야기지만 다르게 해석하지요.
내가 나에게 들려주는 이야기는
어떤 방향으로 가고 있을까요?
우리는 모두 인생이라는
소설을 쓰고 있는 작가입니다.

익숙함을
버릴 용기

만일 당신이 개혁을 부르짖으면서도 현실이라는 이름으로 과거의 관행과 원칙의 사슬을 끊지 못한다면, 당신은 벽도 허물지 않고 새로운 집을 지으려는 사람과 같다.

『익숙한 것과의 결별』, 구본형

변화 없는 삶은 고여 있는 물과 같다. 구르지 않는 돌에는 이끼가 끼고, 사용하지 않는 철은 녹이 슬기 마련이다. 늘 하던 것만 하고 살아가며 어제와 같은 일상에 머물러 있는 건 서서히 쇠퇴하는 길이다. 적당한 온도의 물에 개구리를 넣은 후 서서히 데우면 개구리는 다가올 위험을 알지 못한다. 천천히 올라가는 물의 온도를 인지하지 못하고 안주하다가 결국 죽음에 이르고 만다. 마찬가지로 반복되는 일상의 익숙함과 편안함을 안전한 것으로 여기고 머무르게 되면, 변화에 대응하지 못하고 위험과 곤경에 처할 수도 있다. 마치 달콤한 독처럼.

새로운 시도로 실패할 수도 있고, 상처받을 수도 있으며, 때로는 후회할 수도 있다. 하지만 그 모든 위험을 감수하고도 한 걸음 나아갈 때, 우리는 비로소 성장한다. 마치 고치를 벗어나는 나비처럼, 낯설고도 필연적인 변화의 과정을 거쳐 더 넓은 세상을 만나게 된다. 물론 모든 익숙함을 버려야 한다는 뜻은 아니다. 우리에게 힘을 주고 의미를 주는 익숙함도 있다. 중요한 것은 익숙함이 안전한 둥지가 되느냐, 아니면 갇힌 새장이 되느냐를 구분하는 것이다. 우리를 성장시키는 익숙함과 움직이지 못하게 만드는 익숙함을 분별하는 지혜가 필요하다.

조금씩 발걸음을 옮겨본다. 평소 가지 않던 길로 가보거나 내비게이션 없이도 운전해 본다. 읽지 않던 장르의 책을 읽어보고, 새로운 메뉴를 주문해 본다. 새로운 환경은 결코 위기가 아니다. 익숙함이라는 울타리를 벗어나 한 발 내딛는 순간, 나만의 작은 모험이 시작된다.

평소와 다른 길로 걸어봤어요.
조금 늦게 도착했지만 귀여운 길고양이를 만났고,
예쁜 카페도 발견했어요.
익숙함 너머에 더 멋진 풍경이 기다리고 있었죠.

변화는 거창한 도전이 아니라
작은 시도에서 시작됩니다.

누구나 보물 항아리를
가질 수 있다

질그릇 항아리를 가진 사람은 거기에 자기가 가지고 있는 물건 가운데 가장 좋은 것을 넣어서 보관했다. 그렇지만 자기 항아리를 가진 사람은 별로 가치 없는 잡동사니들만 담아두었다. 그렇게 오랜 세월이 지났다고 하자. 나중에 그들은 그 두 항아리를 무엇이라고 불렀을까?

『마흔에게』, 나태주

보물 항아리와 쓰레기 항아리, 그 안에 담긴 물건으로 인해 가치가 달라졌다. 분명 아무것도 담기지 않았을 때는 그렇지 않았는데 말이다. 사람도 마찬가지다. 내 안에 어떤 것을 담아내느냐에 따라 가치가 달라지는 요술 항아리 같기도 하다. 무엇을 담느냐에 따라 보물이 되기도 하고, 무거운 짐이 되기도 하는.

같은 하루를 살아도 어떤 이는 사람들에게 신뢰를 주고,

또 어떤 이는 불편함과 거리를 만든다. 각자의 내면이 다르기 때문 아닐까. 우리의 내면이 마음속 항아리다. 모두 그 안에 매일 무언가를 담는다. 무엇을 담는가는 내 선택이다. 그곳에서 가치가 달라지는 셈이다. 나는 보잘것없는 항아리를 가지고 있었다. 그 안에 온갖 부정 덩어리를 쌓아두었다. 말 그대로 쓰레기 항아리처럼. 그러나 쓰레기 항아리도 달라질 수 있다. 방치했다면 지금도 여전히 그대로였을 테지만 나는 달라졌다.

 항아리를 비우고 다른 걸 넣기 시작했다. 시기와 원망 대신 감사하는 마음을 넣었고, 상처와 불만 대신 따뜻한 시선을 담았다. 매일 독서하고 글을 쓰며 마음의 양식을 채웠다. 그 사람의 품격은 태도에서 나온다고 한다. 작고 사소하지만 진심이 담긴 행동, 보이지 않는 것들이 진짜 나를 말해준다. 이제 다른 사람의 항아리를 궁금해하지 않는다. 남이 가진 항아리를 시기하고 질투하지도 않는다. 중요한 건 내 항아리니까.

 내 안엔 무엇이 담겨 있을까? 과연 보물 항아리일까?

 지금은 아닐 수도 있다. 그래도 괜찮다. 천천히 조금씩 더 좋은 것들로 채우면 되니까. 시간이 지날수록 깊어지고 반짝이며 윤이 날 것이다. 소중한 것들로만 채워진 보물 항아리, 우리 모두의 항아리가 귀한 보물로 가득 차길 바란다.

오늘 마음에 무엇을 채웠나요?
나는 어떤 사람이 되어가고 있을까요?
자신 안에 담고 있는 것이
우리의 가치를 결정합니다.
환경이 나를 만드는 게 아니라
내가 선택한 것들이 나를 만듭니다.

잘 살고 싶어서
읽는다

언어의 수준이 높아지면, 완전히 다른 세계를 만나게 된다. 그 수준에 맞는 사람과 환경이 마치 기적처럼 주어진다.

『내 언어의 한계는 내 세계의 한계이다』, 김종원

 감사하게도 읽는 사람이 되었다. 나는 왜 책을 읽을까? 삶을 배우는 마음으로 읽는다. 꾸준히 읽으며 조금씩 변화를 느꼈다. 책장에 꽂혀있던 책을 읽었다. 분명 같은 책인데 오늘은 다르게 읽힌다. 단어는 같은데 받아들이는 의미가 다르고, 문장은 그대로인데 내 세계는 달라졌다. 같은 정보를 접해도 완전히 다른 이해에 도달한다. 같은 영화를 봐도, 음악을 들어도, 유튜브 영상을 봐도, 신문 기사를 읽어도 언어 수준에 따라 받아들이는 깊이가 다르다.

 언어 수준이 높다는 건 어휘만을 의미하는 건 아닐 것이다. 단순히 소통의 도구가 아니라 인식을 넓혀주는 도구다.

내가 바라보는 관점이 완전히 달라지는 마법과도 같다. 텍스트 너머의 텍스트를 읽는다. 언어의 세계가 넓어질수록 내 세계의 한계도 한 뼘 더 커졌다. 무작정 살아가던 어제와, 읽으며 사는 오늘은 분명 다르다. 어느 날 읽은 문장 하나가 내 상처를 보듬어 주었고, 나를 일으켜주는 힘이 되었다. 이젠 스스로를 이해하고 쉽게 용서할 줄 안다. 내가 생각보다 괜찮은 사람이란 걸 알게 되었다.

책은 자신을 위한 수업이고, 인생 공부다. 육아가 어려워서 육아 책을, 사람과의 관계가 힘들 땐 심리서를, 어제와 다른 나를 꿈꾸며 자기계발서를, 나답게 살고 싶어서 철학 책을 읽었다. 어제의 나는 어떤 생각을 하며 살았을까? 한 달 전의 고민과 지금의 고민은 닮았을까? 책이 아니었다면 과연 어떤 질문을 하며 살았을까?

언어의 깊이가 곧 삶의 깊이였다. 단어 하나가 시선을 바꾸고, 시선 하나로 세상을 달리 볼 수 있으니까.

삶을 바꾸는 독서는 좋은 문장에 밑줄 긋고, 필사하는 것만이 아니다. 단 하나라도 내 삶에 적용할 수 있어야 한다. 분야를 막론한 자신의 성장을 위한 공부는 학교에서 가르쳐주지 않는다. 관련 책을 읽으며 방향을 잡고, 방법을 배우고, 적용해 보며 익혀나갈 수 있다. 모든 일을 경험하며 살 수는 없지 않은가. 그래서 좋은 책을 읽고 단, 1가지라도 행동하려고 노력한다. 오늘도 잘 살고 싶어서 읽는다. 덕분에 내 삶도 조용히 달라지고 있다.

> 책을 읽는다는 건 어제의 나와 작별하고,
> 미래의 자신을 만나러 가는 여행이에요.
> 책 속에서 길을 찾고,
> 문장에서 위로를 얻으며,
> 이야기 속에서 용기를 배워요.
> 나에게 잘 산다는 건
> 오늘보다 더 나은 내일을 사는 겁니다.

변하지 않는 것과
변하는 것들

변함없는 음악은 변함 많은 인생을 더욱 아프게 한다. 흐르면서 인생을 관찰하는 이야기, 인생은 짧고 음악은 길다.

『슬픔을 공부하는 슬픔』, 신형철

삶에 변하지 않는 것이 있을까? 세월은 소리 없이 많은 것을 가져간다. 어느새 나는 이만큼이나 달라져 있다. 그런데 음악은 달랐다. 라디오에서 우연히 흘러나온 노래 한 곡이 나를 순식간에 추억 속으로 데려간다. 그때 그 모습으로. 오랜 시간이 흘러도 그때의 숨소리마저 간직한 채, 마치 닫혀 버린 문을 조용히 열어주는 것처럼. 그래서 종종 찾아 듣는다.

노래를 듣는 순간 뭉클해졌다. 20대의 앳된 내가 떠올라서. 그때 그 노래는 여전히 그 자리에 있다. 세월이 지나도 변함없는 음색과 가사로 그 시절의 나를 소환한다. 학창 시절 천진난만한 즐거움, 친구와의 재잘거림과 웃음소리, 첫 사랑 앞에서의 수줍음과 설렘, 남편과 연애 시절 싸우고 눈물을 훔치던 그 어느 날. 멜로디도 가사도 여전히 똑같지만, 그 노래를 듣는 우리만 달라졌다.

아이들이 예전 노래를 알고 있어서 깜짝 놀랐다. 요즘 다시 역주행하듯 유행하는 노래들. 여행을 가며 함께 흥얼거린다. 내 추억을 공유하는 것 같아 기분이 묘해졌다. 세상이 아무리 빠르게 변하고 삶이 불안정해도 음악만은 변함없이 그 자리에서 위로와 기쁨을 준다. 음악은 시간을 기억한다. 변하지 않는 이야기다. 그 안에서 다시 웃고, 울며 오늘을 살아간다. 인생은 유한하지만, 음악은 영원하기에.

> 같은 노래가 누군가에게는 슬픔이 되고,
> 또 다른 이에게는 위로가 되지요.
> 각자 다른 추억을 담고 있으니까요.
> 그때는 설렘으로 다가왔던 노래가
> 지금은 그리움이 되어 남기도 해요.
> 변한 건 노래가 아니라 '나'입니다.
> 시간이 더 흐르면 우리 아이들도
> 노래와 함께 오늘을 추억하겠죠.

동트기 전
어둠을 잘 지나가면

너의 동트는 희망은 눈물이 이슬 되는 시간을 지나 너에게 다가올 거야. 그리고 알게 될 거야! 우리가 견딘 고난은 구름이 되고, 우리가 흘린 눈물은 바다가 되어 우리를 더욱 찬란히 빛나게 한다는 것을.

『새벽이 오는 시간』, 이소을

'동트기 전이 가장 어둡다'라는 말을 좋아한다. 위로와 희망의 빛이 보여서다. 삶이 늘 평탄하지만은 않으니까. 지금 겪는 어려움과 고통을 지나면 밝은 빛을 만날 수 있을 것 같은 느낌은 희망이 되어준다. 미래는 알 수 없다. 언제 희망이 찾아올지 모른다. 그저 오늘을 잘 살아내는 것뿐. 밤이 가장 깊을 때 우리는 절망한다. 한 치 앞도 보이지 않는 순간에는 의문이 든다. 과연 새벽이 오긴 올까? 이 어둠이 영원할 것만 같아서, 빛이 돌아오지 않을 것 같아서 두렵다. 그러나 가장 깊은 밤 다음에 가장 빛나는 새벽이 온다. 캄캄

한 밤을 잘 지나면 밝은 태양을 만날 수 있다. 마찬가지로 힘든 시기는 곧 지나가게 되어있다. 어둠은 견뎌내야 할 시간이 아니라 나를 단련시키고 성장시키는 시간이었다. 깊은 어둠을 지나왔기에 더 값진 시간이 된다.

지난날 어둠 속에서 헤매던 시기가 있었다. 아픈 아이를 키우며 눈물 마를 날이 없었고, 결국 네 살이었던 소중한 아이를 떠나보냈다. 영원할 것만 같았던 슬픔도 시간이 지나며 조금씩 치유되었다. 아픔을 이겨내며 깨달았다. 힘들었던 시간이 나를 성장하게 해줬음을.

새벽은 갑자기 오지 않는다. 구름 사이로 빛이 스며들며 서서히 밝아진다. 우리의 인생 또한 하루아침에 바뀌지는 않는다. 작은 빛으로 조금씩 밝아진다. 지금 깊은 어둠 속에서 힘든 시간을 보내고 있다면, 그건 새벽이 가까워졌다는 신호일지도 모른다. 동트기 전 어둠이 가장 깊으니까. 우리의 삶도 어둠 속에 머물러 있지 않고, 더 성장하며 빛날 것이다. 짙은 어둠을 묵묵히 잘 통과한다면 말이다. 당신은 조금 덜 헤매고, 덜 아팠으면 좋겠다. 느린 시간이 곧 희망의 빛으로 변하길 바란다.

밤이 길어도 새벽은 옵니다.
힘든 날도 있고, 버거운 날도 있지요.
하지만 그런 날들이 모여 자신을 만들어갑니다.
어둠이 좀 길어도 괜찮아요.
이제 곧 밝은 태양을 만날 거니까요.
분명 찬란한 내일로 다가올 거예요.
천천히, 소리 없이 말이죠.

에필로그

마음이 흔들릴 때마다 읽었다

드디어 이제 에필로그만 남았네요. 그동안의 기록이 모여 하나의 책이 되는 과정은 어렵지만 설레는 일이었습니다. 그래서 이렇게 또 도전을 하나 봅니다.

수많은 문장을 만나며 삶이 조금씩 달라지는 걸 경험했습니다. 좋은 문장이 다른 방향을 안내해 주었고, 반짝이는 빛이 되어 어두운 시간을 건너게 해주었지요. 이 책은 그런 순간들의 모음입니다. 내가 위로 받았듯이 다시 누군가에게 빛을 건네고 싶은 마음의 기록이에요. 불완전한 삶에서 좋은 문장을 마음에 담아둔다는 건 작은 불빛을 갖는 것과 같아요. 그 빛이 꺼지지 않게 읽고 또 쓰면서 조금씩 덧칠하듯 살아가면 어떨까요? 그게 바로 빛나는 삶 아닐까요.

우리 조금 더 나은 삶을 그려봐요. 누구나 하늘을 꿈꾸잖아요. 하지만 모두가 날 수 있는 건 아니죠. 날개가 없어서가 아니라 날 수 있다는 확신이 없기 때문입니다. 자신을 믿지 못하기 때문에 늘 세상의 눈치를 보고 바람이 불면 움츠러들어요. 조금만 흔들려도 다시 제자리로 돌아옵니다. 오리는 땅을 보지만 독수리는 하늘을 봐요. 둘 다 같은 세상을 살지만 바라보는 시야는 전혀 달라요. 이제까지 오리처럼 낮게 날았어요. 물 위에서 바쁘게, 요란하게 헤엄치지만 멀리 가지는 못했지요. 더 벗어나지 못했습니다. 반면 독수리는 달라요. 독수리는 바람을 탈 줄 알아요. 오히려 폭풍이 불 때 더 높이 날아오르죠. 흔들릴수록 더 단단히 날개를 폅니다.

이제는 할 수 없다는 마음으로 미리 차단하지 않아요. 나를 믿는 마음부터입니다. 스스로 바람을 견딜 수 있다고 믿어야 더 높이 날아오를 수 있어요. 확신이 있어야 바람을 탓하지 않고 이용할 수 있지요. 결국 태도와 마음의 문제입니다. 우리 오리처럼 움츠러들지 말아요. 독수리 날개처럼 어깨를 쭉 펴봐요. 확신만 있다면 날아오를 수 있습니다. 꼭 그렇게 될 수 있다고 믿어요.

이 책을 쓰면서 더 확실히 알게 되었습니다. 좋은 문장을 만난다는 건 단순히 읽는 것으로 끝나는 게 아니라 삶을 다지는 일이라는 걸요. 우리 가까이에 늘 그런 문장이 있기를 바랍니다. 하루의 무게에 눌린 마음을 슬며시 일으켜주는 한 줄이 마음을 비추어주길 바라요. 이 책이 그 빛의 한 조각이 될 수 있다면 좋겠습니다. 당신의 삶을 진심으로 응원합니다.